体育・スポーツを専攻する人のための
教育心理学

[監修] 長田 一臣
　　　 大村 政男

[編集] 藤田 主一
　　　 齋藤 雅英
　　　 楠本 恭久

[著者] 室井 みや
　　　 黒田 稔
　　　 田之内 厚三
　　　 久我 隆一
　　　 宇部 弘子
　　　 齋藤 慶典
　　　 岡部 康成
　　　 陶山 智
　　　 三村 覚
　　　 齊藤 崇
　　　 野口 謙二
　　　 市川 優一郎

樹村房

まえがき

　本書『体育・スポーツを専攻する人のための教育心理学』は，大きく二つの目的をもって企画されました。ひとつは，大学や短期大学に体育やスポーツとかかわる学科または関連する専攻やコースがあり，教職課程において「教育心理学」を履修する学生のために新しいテキストを上梓することです。今日，教育心理学のテキストは数多く出版されていますが，体育やスポーツの視点からまとめたものは見当たりません。おそらくわが国で最初の書物です。もうひとつは，教職をめざしている学生だけでなく，教育現場で体育や保健体育の教科を担当している教員，地域においてさまざまな人々に運動やスポーツを指導している人の参考書として使用されることです。本書が取り上げている種々のテーマをきっかけにして，今一度「心理教育」を問い直し，教職や指導のあり方を再考してほしいと願っています。

　教職課程の教室では，熱心に授業を行っている教員と，将来の教員を目標にして真剣に学んでいる学生が主役です。教育心理学は，教育に関するさまざまな事象について心理学的に研究し，教育の効果を高めるために必要な知識を提供しようとする学問です。その意味で，教育心理学は子どもたちの成長発達の問題からはじまり，家庭教育や学校教育の方法，そこから得られる教育的成果などを明らかにしていくことが求められています。教職課程の教員側から専門的な内容を一方的に語られるだけでは，残念ながら学生の知的欲求を満足させられるとはいいきれません。教室は学生と教員との双方向の場です。そのため，テキストは授業の内容を確認したり，前もって学習できるわかりやすいものであることが必要です。

　本書は，保健体育の教員をめざしている学生に役立つ15の章で構成されており，それは教育心理学の基本的な領域と実践的な領域を融合したかたちになっています。また，各章の最後には「コラム」欄が設けられ，最近の体育・スポーツにかかわるトピックが掲載されています。学生や指導者にとって非常に有意義な内容であり，この「コラム」は本書の特徴のひとつです。さらに本書

の最後には，教育心理学，スポーツ心理学の重鎮である長田一臣先生と大村政男先生から「特講」が寄せられています。貴重な論述ですので，どうぞご一読をお願いいたします。

　各章の執筆者は，この分野にかかわる中軸の専門家と新進気鋭の専門家に依頼しました。それぞれが専門の研究者であり，また学生を教育・指導育している教育者でもあります。各章ともわかりやすい記述でまとめられ，可能な限り最新の研究成果を取り入れました。キーワードは「体育・スポーツの教育心理学」です。すべての人に，教育心理学を学ぶ意義を見直してほしいと思います。

　監修者の長田一臣先生と大村政男先生が，めでたく米寿をお迎えになられましたこの時期に，本書を出版する機会が得られましたことを大変嬉しく思っております。また編集者ならびに執筆者にとりまして，両先生は広く心理学を理論的，実践的にご指導くださいました恩師です。ここに両先生の米寿を心よりお祝いするものです。

　最後に，本書の企画から出版にいたるまで多大のご厚意を寄せていただきました株式会社樹村房に深甚の感謝を捧げる次第です。

　　2014年3月

　　　　　　　　　　　　　　　　　　　　　　　　　　　　編　者

体育・スポーツを専攻する人のための教育心理学
もくじ

まえがき……………………………………………………………………… iii

第1章　教育心理学の歴史と現状の理解 ───────────── 1
1．教育心理学の歴史と現状………………………………………………… 1
　（1）教育と教育心理学　1
　（2）心理学の発展　2
　（3）教育心理学の成立　4
　（4）わが国の教育心理学　6
2．教育心理学の方法……………………………………………………… 7
　（1）観察法　7
　（2）面接法　7
　（3）心理検査法　8
　（4）質問紙調査法　9
　（5）事例研究法　9
　（6）その他　9
3．教育心理学の役割……………………………………………………… 10
　（1）教育心理学の役割　10
　（2）教育心理学と学校心理学　10
　　参考文献　11
　　コラム：教育心理学やスポーツ心理学を学ぶことの意義
　　　　── 経験と理論 ──　12

第2章　胎児期・乳児期の理解 ──────────────── 13
1．胎児期・乳児期の概要………………………………………………… 13
　（1）胎児期　13
　（2）新生児期から乳児期　14
2．さまざまな能力の発達………………………………………………… 16
　（1）社会性の発達　16
　（2）愛着のタイプとその背景　18
　（3）認知発達　20
　（4）コミュニケーションの発達　21
　　参考文献　23

コラム：運動能力は遺伝するか？　*24*

第3章　幼児期・児童期の理解 ——————————————— *25*

1. 身体と運動機能の発達 ………………………………………………… *25*
   (1) 身体発達　*25*
   (2) 運動能力の発達　*25*
   (3) 睡眠の発達　*26*
2. 情緒の発達 ……………………………………………………………… *27*
3. 認知・思考の発達 ……………………………………………………… *28*
   (1) 感覚運動期（誕生から1.5〜2歳）　*28*
   (2) 前操作的（自己中心性）段階　*28*
   (3) 操作的段階　*29*
   (4) 心の理論（Theory of Mind）　*29*
4. 言語の発達 ……………………………………………………………… *30*
5. 自我意識の発達 ………………………………………………………… *30*
6. 人間関係の発達 ………………………………………………………… *31*
   (1) 母子関係　*31*
   (2) 仲間との関係　*32*
7. 社会性の発達 …………………………………………………………… *33*
   (1) 遊びの発達　*33*
   (2) 性意識と男女意識の発達　*34*
   参考文献　*35*
   コラム：子どもの運動技能の発達　*36*

第4章　思春期・青年期の理解 ——————————————— *37*

1. 青年期の意義 …………………………………………………………… *37*
   (1) 危機の時代としての青年期　*37*
   (2) 青年期の現れ方　*38*
2. 青年期の心理と行動 …………………………………………………… *39*
   (1) 身体の発達と第二次性徴　*39*
   (2) 社会性の発達　*41*
   (3) 自我の発達　*42*
3. 引き延ばされる青年期 ………………………………………………… *44*
   (1) ハヴィガーストの発達課題　*45*
   (2) おとなになれない若者たち　*45*

（3）悩みなき青年期　*46*
　　　参考文献　*47*
　　　コラム：スポーツ選手のプロ化と自立　*48*

第5章　学習成立の理解 ― *49*
　1．学習と記憶……………………………………………………………… *49*
　2．学習……………………………………………………………………… *49*
　　（1）馴化と鋭敏化　*49*
　　（2）効果の法則　*50*
　　（3）条件づけ ― 連合学習　*50*
　　（4）観察による学習 ― モデリング　*53*
　3．記憶……………………………………………………………………… *54*
　　（1）記憶の段階　*54*
　　（2）記憶の種類　*54*
　　（3）長期記憶の分類　*55*
　　（4）記憶の調べ方　*56*
　　（5）忘却　*56*
　4．思考……………………………………………………………………… *57*
　　（1）問題解決と方略　*57*
　　（2）注意　*58*
　　　参考文献　*59*
　　　コラム：運動学習と記憶　*60*

第6章　効果的な学習方法の理解 ― *61*
　1．学習指導法の形態……………………………………………………… *61*
　　（1）発見学習　*61*
　　（2）有意味受容学習　*62*
　　（3）プログラム学習　*64*
　2．効果的な学習の方法…………………………………………………… *65*
　　（1）適正処遇交互作用　*65*
　　（2）グループ学習　*66*
　　（3）練習効果　*66*
　3．学習効果に影響を与える要因………………………………………… *67*
　　（1）動機づけとやる気　*67*
　　（2）賞罰の効果　*70*

（3）教師のかかわり　71
　　　参考文献　71
　　　コラム：名将の共通点　72

第7章　パーソナリティの理解 ─────────── 73
　1．パーソナリティの考え方……………………………………………… 73
　　（1）パーソナリティの定義　73
　　（2）パーソナリティの層構造　73
　2．パーソナリティの形成　74
　　（1）生物学的要因　74
　　（2）環境的要因　75
　3．パーソナリティの理論………………………………………………… 76
　　（1）類型論　76
　　（2）特性論　79
　　（3）精神分析学の理論　82
　　　参考文献　83
　　　コラム：対戦における相性　84

第8章　知能と学力の理解 ─────────── 85
　1．知能とは………………………………………………………………… 85
　　（1）知能の構造　86
　2．知能検査………………………………………………………………… 89
　　（1）知能検査の分類　90
　　（2）代表的な知能検査（ビネー式とウェクスラー式）　91
　　（3）知能検査の結果表示　92
　　（4）教育と知能検査結果の利用　93
　3．学力とは………………………………………………………………… 94
　　（1）知能と学力の関連　94
　　　参考文献　95
　　　コラム：一流選手の知的能力　96

第9章　欲求と適応の理解 ─────────── 97
　1．適応……………………………………………………………………… 97
　2．欲求……………………………………………………………………… 97
　　（1）欲求の種類　97

（2）欲求の発達的変化　*99*

　3．不適応………………………………………………………………………………*101*

　　（1）葛藤　*101*

　　（2）欲求不満　*102*

　　（3）ストレス　*103*

　4．不適応への対処……………………………………………………………………*104*

　　（1）適応機制　*104*

　　（2）コーピング　*105*

　　（3）欲求不満耐性　*106*

　　　参考文献　*107*

　　　コラム：体育・スポーツと適応　*108*

第10章　不適応行動と問題行動の理解 ―――――――――― *109*

　1．不適応行動と問題行動……………………………………………………………*109*

　2．反社会的行動………………………………………………………………………*109*

　　（1）暴力行為・非行　*109*

　　（2）いじめ　*112*

　3．非社会的行動………………………………………………………………………*115*

　　（1）不登校　*115*

　4．児童虐待と体罰……………………………………………………………………*117*

　　（1）児童虐待　*117*

　　（2）体罰　*118*

　　　参考文献　*119*

　　　コラム：スポーツ選手のバーンアウト　*120*

第11章　教育測定と評価の理解 ――――――――――――― *121*

　1．教育測定と教育評価………………………………………………………………*121*

　　（1）教育測定と教育評価の歴史　*121*

　　（2）教育評価の意義と目的　*122*

　2．教育評価の対象……………………………………………………………………*124*

　　（1）児童生徒に関する評価　*124*

　　（2）児童生徒の環境に関する評価　*125*

　3．教育評価の方法……………………………………………………………………*126*

　　（1）教育評価の手順と基準　*126*

　　（2）評価の時期　*127*

（3）評価の技法　*128*
　4．教育心理統計の基礎…………………………………………………… *128*
　　（1）度数分布　*128*
　　（2）代表値　*130*
　　（3）散布度　*130*
　　（4）相関係数　*131*
　　参考文献　*131*
　　コラム：創造性の測定　*132*

第12章　心理アセスメントと技法の理解 ── *133*
　1．心理アセスメントとは……………………………………………… *133*
　2．心理アセスメントの実際…………………………………………… *133*
　　（1）心理検査と性格検査　*133*
　　（2）質問紙法　*134*
　　（3）投影法　*136*
　　（4）作業検査法　*139*
　　（5）適性検査　*140*
　3．心理療法……………………………………………………………… *140*
　　（1）カウンセリング（来談者中心療法）　*140*
　　（2）遊戯療法　*141*
　　（3）精神分析療法　*141*
　　（4）家族療法　*141*
　　（5）箱庭療法　*142*
　　（6）コラージュ療法　*142*
　　（7）SST　*142*
　4．心理技法の理論を役立たせるために……………………………… *143*
　　参考文献　*143*
　　コラム：勝つために必要な心理的能力　*144*

第13章　学校と相談活動の理解 ── *145*
　1．学校の組織…………………………………………………………… *145*
　　（1）学校を取り巻く問題・課題　*145*
　　（2）さまざまな問題・課題に取り組むための学校の組織　*145*
　2．教育相談にかかわる人々…………………………………………… *146*
　　（1）保健室（養護教諭）の役割　*146*

（2）スクールカウンセラー（SC）　*147*
　　　（3）スクールソーシャルワーカー（SSW）　*147*
　3．生徒指導·· *148*
　　　（1）生徒指導とは　*148*
　4．教育相談·· *150*
　　　（1）教育相談とは　*150*
　　　（2）わが国の教育相談の歩み　*150*
　　　（3）現代の児童生徒を取り巻く状況　*151*
　　　（4）求められる教育相談のあり方　*151*
　　　（5）教師の教育相談への取り組み　*152*
　　　（6）教育相談担当教師の役割　*152*
　5．教育相談の実際··· *153*
　　　（1）教育相談の事例　*153*
　　　（2）モンスターペアレント　*154*
　　　（3）専門機関との連携　*154*
　　　参考文献　*155*
　　　コラム：スポーツとハラスメント　*156*

第14章　学級づくりと仲間づくりの理解 ── *157*
　1．学級づくりの意義··· *157*
　　　（1）集団とは　*158*
　　　（2）集団の効用と特徴　*159*
　　　（3）集団凝集性　*161*
　2．学級集団の理解··· *162*
　　　（1）ソシオメトリー　*162*
　　　（2）Q－U（Questionnaire－Utilities）検査······························ *163*
　3．学級集団の管理，運営　*165*
　　　（1）リーダーシップ　*165*
　　　（2）構成的グループエンカウンター　*166*
　　　参考文献　*167*
　　　コラム：リーダーの資質　*168*

第15章　特別支援教育の理解 ── *169*
　1．特別支援教育とは··· *169*
　　　（1）特別支援教育の現状　*169*

（2）障害の考え方　*172*
　2．障害の理解 ……………………………………………………… *172*
　　（1）発達障害　*172*
　　（2）情緒障害　*175*
　　（3）知的障害　*175*
　　（4）視覚障害　*176*
　　（5）聴覚障害　*176*
　　（6）肢体不自由　*176*
　　（7）病弱・身体虚弱　*177*
　　（8）言語障害　*177*
　3．支援体制の構築と今後 ………………………………………… *177*
　　（1）特別支援教育コーディネーター　*177*
　　（2）個別の指導計画と個別の教育支援計画　*178*
　　（3）連携体制の構築　*178*
　　（4）特別支援教育の今後　*178*
　　　参考文献　*179*
　　　コラム：パラリンピック　*180*

特講1　体育教師をめざす学生を育てる ───────────── *181*
　ある体育教師の生涯 ……………………………………………… *181*

特講2　教師をめざす学生と教育心理学の役割 ──────── *187*
　1．教師チーム論 vs 教師孤独論 ………………………………… *187*
　2．国家と教育 ……………………………………………………… *188*
　3．新しい時代の教育 ……………………………………………… *189*
　4．教育心理学の領域と問題点 …………………………………… *190*

　事項さくいん ……………………………………………………… *192*
　人名さくいん ……………………………………………………… *194*

第1章
教育心理学の歴史と現状の理解

1．教育心理学の歴史と現状

（1）教育と教育心理学

　教育心理学は，教育活動を心理学的な立場から追究し，さまざまな教育実践上の課題を解決することを目的とする学問である。その意味で，教育心理学は子どもたちの成長発達の問題からはじまり，子どもたちを取り巻く環境，すなわち家庭教育や学校教育，さらに社会教育にいたるまでの諸問題に立ち向かわなければならない。

　今日，子どもたちはかつてないほどに複雑で多様な価値観の世界に置かれているといってよいだろう。新聞やテレビなどのマスメディアは，毎日のように子どもたちの現状を報道し続け，彼らが抱える問題点を社会に訴えようとしている。それは無限の可能性を表出する前進的な姿だけでなく，非行や犯罪，いじめや不登校に代表される危機的な部分にまでおよぶ。幼稚園の園児から高校生，大学生にいたるまで，教育の場で触れ合い学ぶことの楽しさを体験する子どもは多い。しかし，他方で心の問題から自分を見失ったり，仲間とのトラブルに悩む子どもも多いのが現状である。

　家庭においては，子どもの成長とともに親の期待が変容し，そのため親の教育観そのものが揺れ動くことがある。親子を中心とした家族関係は，子どもだけではなく家族全員の生活に深い影響を与える。学校においては，そこで出会う教師や仲間との人間関係，教科学習による知識の習得の差異などが，本来の生き生きとした子どもの姿に影を落とすこともある。学習を基本とする日々の学校生活が，その後の人生を変えることも考えられる。このように考えると，

教育はどうあるべきかが改めて問われる。

（２）心理学の発展

かつて，ドイツの心理学者エビングハウスは「心理学の過去は長く，歴史は短い」と述べたという。古来より人間はその心理現象について関心をもっていたが，科学的観点からの取り組みははじまったばかりであるという意味であろう。教育心理学が今日のように発展してきたのは，心理学の歴史と深く関係している（図1－1）。ここでは心理学の流れについて概観してみよう。

a．構成心理学

心理学のルーツは，古代ギリシアやローマの時代に求められる。古代ギリシア時代のアリストテレスは『デ・アニマ（精神論）』という書物を著し，心の問題を最初に取り上げた。その後の心理学は広く哲学やの領域としての歴史をたどるが，心理学を科学的な立場から位置づけたのはドイツのヴントである。彼は，1879年にライプチヒ大学に心理学の実験室を創設し，心の問題を哲学から分離させて科学的に解明しようとした。ヴントは「意識」を心理学の主要な研究対象と考え，それを感覚，感情，観念（表象）という3種の要素に分けて追究しようとしたので，彼の心理学は構成心理学，あるいは構成主義とよばれている。心理学に新たな視点を取り入れたヴントの多大や業績をたたえ，

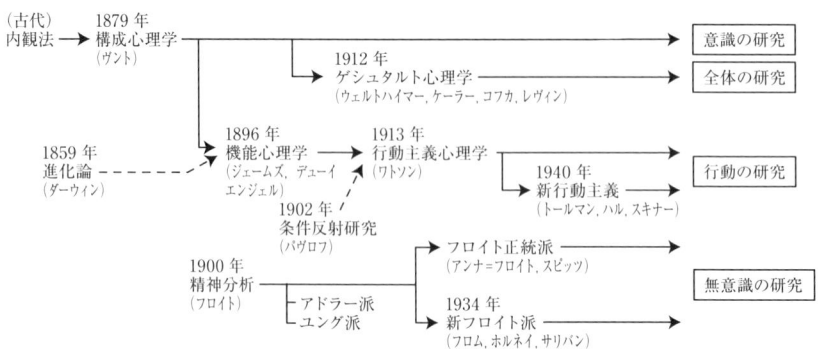

図1－1　心理学の発展（岡村一成による）

1980年にライプチヒ大学で国際心理学会が開催され、全世界から多くの心理学者が参加した。図1－2は参加者に配布されたリーフレットに掲載されたヴントの雄姿である。

b．機能主義の心理学

アメリカの心理学者は、意識がどのような要素から構成されているかよりも、意識の機能を重視していた。実用主義（プラグマティズム）の観点から、環境に対する意識の働きに

図1－2　ヴント

注目し、適応や個人差の問題に関心をもったのである。機能主義の先達者であるジェームズは情緒や知性、道徳などの発達的な課題、記憶や学習の転移、情緒的反応に関する研究を行った。デューイは学習を個人と集団の活動をとおして構築する方法を主張し、エンジェルは機能主義の心理学を実質的に発展させた。

c．行動主義の心理学

アメリカのワトソンは、科学としての心理学の対象は、客観的に観察が可能であり物理的に測定できるものでなくてはならないと主張し、そのためには意識を研究するよりも行動を研究するべきだと考えた。行動主義の樹立である。ワトソンの主張はヴント以来の内観という方法に対する批判であったが、アメリカの心理学界を中心に広く支持された。それは、どのような刺激（S）に対してどのような反応（R）が生じるのかを分析していくものである。彼は、パヴロフの条件反射理論の影響を受けたといわれている。

d．新行動主義の心理学

アメリカのハルは、ワトソンの行動主義の学説をさらに発展させた。彼は、刺激（S）－反応（R）との間に生活体（O）をおき、S－O－Rのシステムで行動を説明しようとした。生活体がもっている欲求の状態によって、同じ刺激が加えられても反応が異なる。この立場は新行動主義とよばれ、ハルをはじ

めトールマンやスキナーなどの学者を輩出した。現代の学校教育は一斉授業の方法を用いているが，教室では児童生徒一人ひとりの動機づけ（O）をいかに高めるかが問われている。

e．ゲシュタルト心理学

ドイツでは，ヴントの構成心理学に対立する形でゲシュタルト心理学が誕生した。ゲシュタルトとは「要素や部分に分析できず，しかも要素以上の性質をもつ全体」という意味である。この心理学を提唱したウェルトハイマー，コフカ，ケーラー，レヴィンたちは，知覚研究を出発点にさまざまな領域で活躍した。ウェルトハイマーは仮現運動を発見し，コフカは環境の区分や発達心理学の領域で業績を挙げた。ケーラーは類人猿の知能や問題解決行動を研究し，のちに加わったレヴィンは動機づけやグループ・ダイナミックス，場の理論などの領域で活躍した。

f．精神分析

オーストリア出身のフロイトは，ヒステリー患者を治療する過程から，心的世界の中に無意識の層があることを見出した。また，彼は人格をイド（エス），自我（エゴ），超自我（スーパーエゴ）という3つの構造で考え，なかでもイドは性の衝動によって支配されると主張した。精神分析は汎性欲説の立場から性的欲求と文化とを結びつけようとしたのであるが，ユングやアドラーたちはフロイトの学説に批判的であった。その後，フロム，ホルネイ，サリバンたちは新フロイト学派をつくり，母子関係や社会的環境を重視する人間観を形成していった。

（3）教育心理学の成立

教育心理学の萌芽は，18世紀以降，フランスの思想家ルソー，スイスの教育者ペスタロッチ，ドイツの教育学者ヘルバルト，ドイツの教育者フレーベルなどに発しているといってよいだろう。ヘルバルトは『教育心理学綱要』を著し，教育の目的を倫理学に，教育の方法を心理学に求め，教育心理学は一般心理学の法則を教育に適用させることで独立した学問と位置づけた最初の学者であった。彼が打ち立てた教授理論は，その後，予備，提示，比較，総合，応用

という5段階教授法へと発展し，現代においても教授法の基礎になっている。

19世紀の中ごろから，ダーウィンの進化論の考え方が動物や人間の研究に影響を与えはじめた。進化論に強い影響を受けたイギリスのゴールトンは天才の研究や心理テスト，評定尺度の研究を行い，遺伝や個人差に関する数多くの業績を挙げた。またキャッテルは，はじめて「メンタル・テスト」を考案して心的検査の先駆となり，クレペリンは精神疾患の分類に大きく貢献した。1905年にビネーとシモンがフランス政府の依頼によって，個人の知能を測定するためのテストを考案した。これが知能検査のはじまりである。

教育についての科学的なアプローチは，ヴントの弟子モイマンによってはじめられた。彼は実験の方法を教育に応用し，実験教育学という新しい学問を誕生させ『実験教育学入門講義』を著した。この書物には，児童の身体的・精神的発達，児童の精神機能（記憶・思考・意志・情緒など），児童の個性，知能の個人差教，科学習における児童の行動，教科教授法というように，今日の教育心理学が扱う内容が取り上げられている。

アメリカのソーンダイクは『教育心理学（全3巻）』を著し，教育心理学の体系化をはかった。彼は，動物の学習実験をとおして，準備の法則，効果の法則，練習の法則という学習の原理を発見した。また彼は，学力を客観的に測定するため教育測定運動を展開し，教育心理学の発展に多くの影響をおよぼした。そのため，ソーンダイクは「教育心理学の父」といわれている。

その後，学習の転移，学習と動機づけ，測定・評価などに関する研究が次々と発表された。また心身の発達の問題については，シュテルンが多くの観察をもとに『幼児心理学』を著し，ビューラーは『青年の精神生活』の中で女子青年の心理を調査した。クローは『小学校児童の心理学』の中で児童についての研究を発表した。同じころ，ゲゼルは児童研究を科学的に行うことに力を注いだ。彼は乳児の知能を測定するテストを考案し，さらに胎児から青年期までの心身の成長について図示的な研究を行った。

このように，第2次世界大戦前に欧米で研究された教育心理学の成果をふまえ，ゲーツの『教育心理学』(1947)，クローの『教育心理学』(1948)，スキナーの『教育心理学』(1958)などが次々と公刊され，これらは広くわが国に紹

介され利用されるようになった。

（4）わが国の教育心理学

　わが国の教育心理学は，アメリカやヨーロッパの影響を受けて大きく発展したといってよい。とくに第2次世界大戦以降，わが国の教育改革が行われるにともない，従来の教員養成系大学のほかに一般大学においても教職課程が置かれ，教員免許状を取得できるようになった。そのなかで，教育心理学が教員養成のための重要な科目として位置づけられたのである。

　戦前にみられる教育心理学は，欧米の研究に刺激されたものであり，その出発は児童研究であった。高島平三郎らによる月刊雑誌『児童研究』にはじまり，久保良英による『児童研究所紀要』，ソーンダイクが著した『教育心理学』の翻訳などの書物の公刊，教育測定や知能検査に関する研究や書物が現れた。なかでも楢崎浅太郎の『日本教育的心理学』は，戦前における教育心理学の代表的なひとつといえよう。一方，1926（大正15）年に東京文理科大学（現在の筑波大学）から雑誌『教育心理学研究』が刊行され，教育心理学に関する実証的研究が発表されるようになったことは，わが国の教育心理学の発展に画期的な意義をもつものである。

　教育心理学研究の高まりを受け，1959（昭和34）年に城戸幡太郎を初代理事長として日本教育心理学会が発足し，同年に第1回総会が東京大学で開催された。機関誌『教育心理学研究』『教育心理学年報』の刊行をはじめ，学会の活動は戦後の教育に大きな役割を果たしてきたのであり，2000（平成12）年の第42回総会が20世紀最後の節目として東京大学で開催されたことは意義深いものがある。現在の日本教育心理学会は，原理・方法，発達，人格，社会，教授・学習，測定・評価，臨床，特別支援，学校心理学などの研究領域に約7,000名の会員が所属し，毎年さまざまな研究発表が行われている。

　1989（平成元）年に教育職員免許法が改正され，教職に関する専門科目が「教育の本質及び目標に関する科目」「幼児，児童又は生徒の心身の発達及び学習の過程に関する科目」などに改められた。前者を「教育原理」，後者を「教育心理学」（または「発達と学習」）という科目名で講座を開設する大学が多い。

さらに，1998（平成10）年に再び同法の一部が改正され，2000（平成12）年度の新入生から新基準が適用されることになった。専門分野の学問的知識とともに教え方や子どもとの触れ合いを重視し，また新しく「介護等体験」「教職実践演習」などが必修となり，教師として学校教育活動の遂行に直接かかわる科目や実習体験を加えることになった。したがって，これからの教育心理学は学問研究に加えて教育現場での実践活動がいっそう期待されていくものと考えられる。

2．教育心理学の方法

（1）観察法

　観察法は，教育のために必要な資料を収集する最も基本的で重要な方法であるが，科学的という意味では観察結果の記録，数量化，処理方法などがきちんと定められていなければならない。教育現場で用いられる観察法には，自然的観察法（児童生徒の行動をありのままに観察する）と実験的観察法（観察が必要な行動を人為的に操作する）がある。なかでも自然的観察法は，教室内外の児童生徒の行動をふだんの姿のままにとらえることを目標にしているので，①面倒な設備を必要とせず，いつでも，どこでも容易に観察できる，②実生活のなかで起こる行動や経過を把握しやすい，などの特徴があり，教師にとっては最も大切な方法である。

　客観的に観察するには，①何のために観察するのかという目的意識をもつこと，②観察方法の視点を定めること，③人的・時間的に組織立てることが重要であり，常に素朴な気持ちと謙虚な態度を失わないようしなければならない。

　学校における児童生徒の行動観察は，単に平常場面だけでなく，競争場面や危機場面などのあらゆる状況について行うことが必要である。観察を組織立てて行う手順には，時間見本法や品等尺度法などの方法が利用できる。

（2）面接法

　個人の考え，悩みや不安，対人関係や将来への希望などを知るには面接によ

る方法が最も直接的であるため，教育現場ではしばしば用いられる。面接は，面接をする人（教師，相談員，カウンセラーなど）が児童生徒と，主に言語のやりとりをとおして彼らの内的世界を把握するものである。児童生徒を理解し指導しようとするとき，数量的なデータを得るだけでは十分とはいえない。面接は，子どもたち一人ひとりが抱える問題を的確につかむことができる方法である。とくに臨床場面に携わる面接者は，教育心理学の知識はもちろんのこと，精神医学や臨床心理学，ケースワークなどの人間行動について高度の知識と深い人間愛をもっていることが必要である。面接そのものが与える影響をいつも考えておかなければならない。

　面接者にとって最も大切なことは，被面接者（児童生徒など）との間にラポールが成立することである。ラポールとは，両者の信頼関係，親和関係，意志の疎通性などを指すことばであり，相手が楽な気持ちで面接を受けられるような雰囲気をつくることである。秘密を守り，面接によけいな心配や不安をもたせないようにする。また，面接者は相手に対して先入観や偏見をいだいてはいけない。ハロー効果（光背効果）が起こると正しい面接に臨めないからである。成績がよいと，行動までよくみられてしまうのがそのよい例である。教師は面接の専門家ではないが，十分なカウンセリングマインドを備えてもらいたい。

（3）心理検査法

　児童生徒に対する評価には，主観的な思い込みが働きやすい。そこで客観的に個人の心的特性（知能，学力，性格，適性など）を測定・評価する方法が必要になる。各種の心理検査はこの目的のために作成されるが，そのためにはきちんとした標準化の手続きが求められる。信頼性，妥当性，弁別性，客観性，経済性などの要件がそれである。

　心理検査は，得られた結果がその個人の心的特性の個人差を明らかにするものでなければならない。知能や性格，適性などの特性は潜在的な場合が多いが，測定した結果は個人のその後の行動を予測させるものである。また学力や技能などは，潜在的な能力に基づいて習得したものといってよい。心理検査による測定は，正しい診断と評価のための機能でもある。

（4）質問紙調査法

　児童生徒の実態や意見，態度などを調査して資料や情報を得ようとするとき，あらかじめ知りたい質問項目を用意し，質問紙（アンケート）として印刷した用紙を配布し回答させる方法である。質問項目はできるだけ具体的で簡潔していることが望ましいが，個人情報の収集には万全の注意が必要である。

　質問紙調査は実施法が簡単なため安易に用いられやすいが，質問項目や結果のまとめ方に十分な吟味が必要である。一方的な回答を暗示したり，社会的・道徳的に問題になるような項目は避けなければならない。質問紙調査では児童生徒の過去から現在までの事実を客観的に回答させる場合と，興味や関心，意見や態度などを主観的に報告させる場合がある。回答には，「はい・いいえ」「○・？・×」でチェックする方法，いくつかの回答の中から適当なものを選択する方法，自由意見を記述する方法などがあるが，短時間で終わり，彼らの負担を少なくする工夫が必要である。

（5）事例研究法

　事例研究法（ケース・スタディ）とは，児童生徒が抱える諸問題を多角的に分析し，その問題に適切な指導や援助を行うために具体的な処置を計画することをいう。たとえば，個人の成育歴，健康の記録，家庭環境，学校での様子，学校の取り組みなどの分析をとおして，問題が発生した要因や経過を正確に理解し，その解決に役立てていく方法である。教育の場面では，反社会的・非社会的な行動，さまざまな障害をもつ児童生徒とのかかわり方を見出そうとするときなどに利用されている。

（6）その他

　以上は，教育心理学の研究や実践活動で広く用いられている方法であるが，このほかにも，自叙伝法，逸話記録法，日記法，作品法，社会調査法（ソシオメトリー）などの方法がある。どのような方法を用いるにしても，計画から解釈に至るまで科学的に進めることが大切である。

3．教育心理学の役割

（1）教育心理学の役割

　教育心理学は「教育」と切り離して考えることができない。かつて教育心理学者スキナーは，教育活動において「何を」（what），「なぜ」（why）という質問に答えるのが「教育哲学」や「教育原論」の役割であり，「どのようにして」（how），「いつ」（when）という質問に答えるのが「教育心理学」の任務であると述べたという。すなわち，教育学は教育活動についての「目標」や「本質」を，教育心理学はその「実践」を基礎としているということであろう。この「実践」こそ，教職課程における教育心理学の中心的なテーマである。

　教師は，よく医師にたとえられることがある。医師は患者の訴えを聞き，さまざまな検査の結果から病状の原因を探り診断をくだす。それから，患者にとって一番よい治療法を施す。教師の仕事も医師とまったく同じである。教科活動でも特別活動でも，常に児童生徒の視線に合わせ，一人ひとりの能力や個性を理解（診断）する。さらに，彼らがもつ可能性を引き出し，問題を抱えて困っていれば適切な指導（治療）を与えていくのである。今日，診断だけでなく治療のできる教師がどのくらいいるだろうか。教師と児童生徒との信頼関係は，教育活動の基本である。医療の分野で医師と患者との相互合意（インフォームド・コンセント）が求められるのと同様に，教育の分野も教師と児童生徒との相互関係で成立することを忘れてはならない。

（2）教育心理学と学校心理学

　近年，教育心理学の一領域として，教育現場における心理教育的援助サービスへの取り組みをめざした学校心理学が注目されている。最近は学習面での学力低下やいじめ，不登校などのように，学校現場で早急に解決しなければならない問題が山積している。学校心理学は，このような問題を抱えた子どもたちに対して，従来の指導体制では十分に機能しない取り組みに新しい視点を与えるものである。石隈利紀は，以下の3段階の援助サービスにまとめている。

①一次的援助サービス……すべての子どもがもつ発達上または教育上の課題に対する援助。たとえば，入学時の適応のように多くの子どもが出会う課題への予防的援助，学習スキルや対人関係スキルのような発達促進的な援助がある。ここでは，学級担任や教科担当の教師がその中心的な役割を担う。
②二次的援助サービス……登校をしぶる子どもや学習意欲が低下しはじめた子ども，社会性の発達や進路決定に問題を抱えた子どもなど，教育指導上に配慮を必要とする子どもへの援助。ここでも教師のかかわりは大きいが，スクールカウンセラーや心の教室相談員，学校心理士（学会連合資格）などの専門家が教師を援助する。
③三次的援助サービス……不登校や発達障害，非行や重大な援助サービスを必要とする特定の子どもへの援助。スクールカウンセラーや心の教室相談員，学校心理士などの専門家は教師や保護者と一緒に学校内の保健室や相談室あるいは家庭の場で援助するためのプログラムを立案，実行する。しかし，それらの場で治療的カウンセリング（または心理療法）を行うには限界があるため，学外の施設（教育センター，教育支援室，医療機関など）との連携を考える。

　学校心理学は，時代のニーズから誕生した分野であるが，教育心理学だけでなく，発達心理学や臨床心理学などの隣接諸科学や，特別支援教育の方法などを取り入れながら，学校をキーワードとする新しい学問体系へと発展することが期待されている。

【参考文献】
石隈利紀　学校心理学　誠信書房　1999
日本教育心理学会（編）　教育心理学ハンドブック　有斐閣　2003
藤田主一・楠本恭久（編著）　教職をめざす人のための教育心理学　福村出版　2008
藤田主一・齋藤雅英・宇部弘子（編著）　新発達と教育の心理学　福村出版　2013

教育心理学やスポーツ心理学を学ぶことの意義
── 経験と理論 ──

　私たち人間は,「学ぶ存在」といわれるように「たよりない能なし」の状態で生まれてくる。それゆえ,この状態を克服するために生後さまざまな学習をする必要がある。体育やスポーツで獲得したい運動スキルも同様で,はじめからできる人はいない。

　体育教師やスポーツの指導者をめざしている人,さらに指導力を向上させたいと願っている人は,経験だけでなく理論も学ぶ必要がある。「自然の不可思議の通訳者は経験である。経験は決して欺かない。ただ吾人の解釈のみが往々にして自らを欺くのである」と,天才的な芸術家であり,科学者であったレオナルド・ダ・ビンチが経験の限界を的確に述べている。うまく「なりたい」「させたい」と願うとき,理論を知らない人は自分のこれまでの経験だけを参考にして,学習や指導法を考える。しかし,理論も知っている人は経験と理論を車の両輪として働かせ,考えることができる。

　スポーツ記録の変遷をみると,かつてはある技術水準に到達するまでに多くの練習時間（経験時間）がかかっていたのが,今日では指導法や練習内容の改良（理論化）によって到達に要する時間が大幅に短縮されている。たとえば,第1回アテネオリンピック（1896）での100m走の優勝記録は12秒0であったが,第40回ロンドン大会（2012）では9秒63である。12秒0では,2012年度の日本の中学生男子100傑にも入れない。まさにスポーツ記録の変遷は,「より速く,より遠く,より強く」をめざした選手たちの経験の歴史であり,経験の理論化の歴史であることを教えてくれる。このように,理論を身につけることは,学習や指導を安全な軌道に乗せ,誤りや回り道を避けさせ,同時に経験の短縮をしていくことになるわけである。

　接待ゴルフをいくらしてもうまくなれないように,学習や練習をどれくらいするかはうまくなるための必要条件で,うまくなりたいという意欲,心の働きがあって必要十分条件となる。教育心理学やスポーツ心理学によって,教育やスポーツでの心の働きの理論を身につけることは,私たちがうまく「なりたい」「させたい」と願うとき,「巨人の肩」に乗ることとなり,大いに意義があることと考える。

（西條修光）

第2章

胎児期・乳児期の理解

1. 胎児期・乳児期の概要

　心理学では，胎児期から死までの，生涯にわたってみられる長期的な変化を「発達」として取り扱う。疲れや感情による一次的な変化などは発達には含まれない。発達とは，遺伝的な影響と経験による影響を受けて起こる変化であるが，発達と似たことばである「成熟」は，遺伝的な影響を大きく受ける変化を示し，「学習」は，成熟とは逆に，経験による影響を大きく受ける変化を示す。

　本章では，胎児期から生後1年半までの社会性の発達，認知の発達，コミュニケーションの発達について取り上げる。受精後9週から誕生までは胎児期，誕生から4週までは新生児期，5週から1年半までは乳児期とよばれる。誕生してからわずか1年半の間に，赤ちゃんは目覚ましい変化を見せるが，赤ちゃんに何か質問して答えてもらうことはできないし，課題を行ってもらったりすることも難しいため，赤ちゃんの心の状態やその変化について詳しく見て行くことは難しかった。しかし，近年，さまざまな手法を用いて，自ら語ることのできない赤ちゃんの能力を詳しく明らかにすることができるようになった。その結果，何もできない受け身の存在だと考えられていた赤ちゃんが，実際は早い段階からさまざまな能力をもち，生後すぐの時期から母親をはじめとする養育者との相互作用を積極的に行っていることなどがわかってきた。

（1）胎児期

　人は，受精後約40週間を子宮内で過ごし誕生する。近年，さまざまな手法を用いて，胎児期でも，視覚や聴覚をはじめとする感覚はすでに機能しており，

記憶もできることがわかっている。胎児期を研究する方法としては，早く生まれた赤ちゃんを対象にする方法や，母親のお腹の中にいる赤ちゃんに外から音を聞かせ，超音波を使ってその様子を観察したり，生まれた後に，お腹の中にいたときの記憶を確かめたりする方法などがある。視覚については，受精後35週ごろには視力があることが示されている。聴覚については，受精後26週ごろにお腹の外から音を聞かせると心拍数の変化や胎動がみられることから，このころには音が聞こえていることがわかっている。また，受精後34週ごろに母親のお腹の外から本の読み聞かせを行っておいて，生後，吸うスピードによってお腹の中にいるときに聞かされた本の内容と，それ以外のメッセージを選んで聞くことができるおしゃぶりを赤ちゃんに与える。すると，お腹の中にいるときに聞いた内容が聞けるようにスピードを調整しておしゃぶりを吸うことから，このころにはすでに記憶する能力があることがわかっている。

(2) 新生児期から乳児期

知覚の発達

1960年ごろまで，新生児は見たり聞いたりすることのできない，"がやがやとした無秩序で混乱した状態"にいると考えられていたが，今では，生まれて間もない赤ちゃんでも感覚器官は機能していて，新しい環境のなかで必要なことを学べる状態であることがわかっている。

赤ちゃんが何を見たり聞いたりしているのか，何を考えているのかを尋ねることはできない。しかし，心理学ではさまざまな方法を用いて，赤ちゃんの心の状態を明らかにしてきた。そのひとつが選好注視法とよばれる方法である（図2

図2-1　選好注視法

－1)。たとえば，赤ちゃんの目の前に2つの図を示し，そのどちらをよく見るかを観察する。もし，一方の図を長く見つめていれば，赤ちゃんはその2つの図を区別できているから，そちらを好んで見ているのだということがわかる。

生まれて間もない赤ちゃんはどのような世界を

図2－2　視覚的断崖

見ているのか。これまでの研究から，赤ちゃんの視力は0.01くらいと低く，生後半年くらいになっても0.2程度といわれている。2～3歳くらいになってようやくおとなと同じくらいの視力に達する。一方で，赤ちゃんは目の前の世界をただ受動的に見ているのではなく，興味のあるものを積極的に見ている。たとえば，生後間もない赤ちゃんでも，複雑な模様や，色がついたもの，人の顔のような図形を好んで見ることが明らかにされている。

また，生後2，3ヶ月ごろには奥行きや距離がわかっている。視覚的断崖（図2－2）とよばれる床の半分が落ち込んで深くなっているように見える装置（実際はガラス板で覆われていて安全）の上に赤ちゃんを置くと，生後2ヶ月くらいでも，浅い側から深い側をのぞき込み，それに合わせて心拍数が変化することが報告されていることから，実際に自分で崖を見たり渡ったりしたことのない赤ちゃんでも奥行きを知覚できていることがわかる。また，同じ月齢で，はいはいのできる赤ちゃんとまだはいはいのできない赤ちゃんを比較したところ，はいはいのできる赤ちゃんの方が心拍数の変化が大きかったことから，自ら移動するという経験も赤ちゃんの奥行きの知覚の能力に影響していることがわかる。

一方で，赤ちゃんのころにはもっていたのに，おとなになるにつれ失われて行く知覚能力もある。多くの日本人のおとなにとって英語の"L"と"R"の

発音を聞き分けることは難しいが，生後間もない時期の赤ちゃんは，日本語しか話さない両親の元で育てられていても"L"と"R"を聞き分けることができる。これは，人はさまざまな能力を持って生まれるが，そのなかから，自分の生きていく環境のなかで必要な能力だけを残し，自分の生活する環境に合わせて能力を調整していくためだと考えられている。

2．さまざまな能力の発達

（1）社会性の発達

　人は社会のなかで生きているため，周りの人々とさまざまな関係を築くことが重要である。とくに，愛着とよばれる，赤ちゃんが母親をはじめとする養育者との間に築く密接な関係は，生涯にわたって人格や社会性などに大きな影響をおよぼすことが示されている。近年の研究で，生後すぐの赤ちゃんでも，養育者からの働きかけを受動的に見たり聞いたりしているだけでなく，養育者との関係を築くために自ら働きかけていることがわかっている。

　その働きかけのひとつが赤ちゃんのほほえみである。赤ちゃんは生後すぐにほほえみはじめる。この最初に現れるほほえみは，外部からの働きかけに関係なく，眠っているときやまどろんでいるときに現れることから，自発的微笑とよばれる。赤ちゃんが意識して笑っているのではないにもかかわらず，自発的微笑は，これを見たおとなが思わず赤ちゃんに笑いかけたり，声をかけたりするなど，周りのおとなの興味を引きつける役割をもつ。この自発的微笑は生後数ヶ月の間に減少していく。生後1ヶ月ほどたつと，赤ちゃんはおとなと目を合わせ，ほほえむようになる。このようなほほえみは社会的微笑とよばれる。ほほえむ赤ちゃんを見て，養育者がうなずきながら話しかけたりすると，赤ちゃんはさらにほほえみ，養育者はまた笑顔で応える。このようにして，社会的微笑は赤ちゃんと養育者の相互作用を促し，養育者との関係を築くように働きかける。

　赤ちゃんのほほえみは，しばらくの間，日ごろから赤ちゃんとかかわる養育者などの親しい人以外にも生じるが，やがて親しい人にだけほほえむようにな

る。6ヶ月ごろには，知らない人には人見知りが生じる一方で，親しい養育者など特定の人とは親密な関係をつくり，その人がいることで安心するようになる。ボウルビーは，この養育者との信頼関係を愛着とよび，多くの研究を行った。元々，母親はお腹がすいたときにミルクをくれる

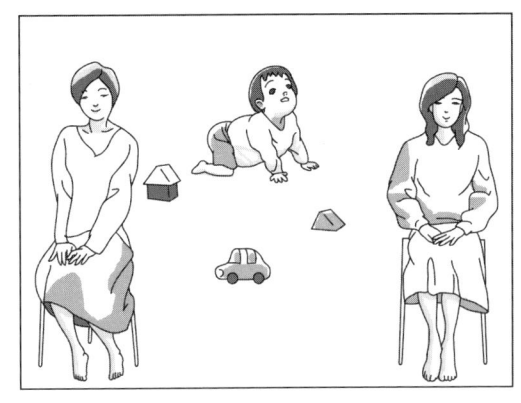

図2－3　ストレンジ・シチュエーション法

など，生きて行くために必要な欲求を満たしてくれるから母親との関係が成立するのだと考えられていたが，その後の研究から，母親との関係は愛着とよばれる空腹と関係なく成立する無条件の信頼関係であることが示された。愛着が成立すると，赤ちゃんははじめて出会う人や知らない場面で不安を感じたときでも，愛着対象である母親をはじめとする親しい養育者に近づくことで安心を得て，未知のものに対して探索をはじめることができる。つまり，愛着対象は不安を感じたときの安全基地として機能するようになる。安定した愛着関係ができないと，不安を感じたときに安全基地として十分機能するものがなく，自立や心身の発達が妨げられると考えられている。

　エインズワースは，ストレンジ・シチュエーションとよばれる実験（図2－3）によって，不安や恐れを感じたときの愛着の現れ方には，子どもによって違いがあることを示した。実験では，子どもと親しい養育者は，はじめて訪れた部屋で，初対面の実験者に会う。その後，その養育者はその部屋から出て行ったり戻ってきたりして，子どもはひとりで，または実験者とともに部屋に残される。養育者が部屋から出て行ったり戻ってきたりするときの子どもの様子を観察すると，養育者が部屋から出て行っても，あまり混乱したりすることのない回避型とよばれるタイプの子どもがいる一方で，親しい養育者が部屋から出て行くときには泣くなど混乱を示し，その後，親しい養育者が戻ってくると

喜び安心し，親しい養育者に積極的にかかわってすぐに落ち着く安定型とよばれるタイプの子どもがいる。もうひとつのタイプは，安定型の子どもと同じように親しい養育者が部屋から出たときには泣くなど混乱を示すが，親しい養育者が戻ってきてもなかなか落ち着かず，親しい養育者に激しい怒りをみせることがある。これは両価型とよばれる。

（2）愛着のタイプとその背景

　このような愛着のタイプの違いはどうして生まれるのか。エインズワースは，養育者の子どもへのかかわり方の違いと愛着のタイプに関連があることを示した。回避型の子どもの養育者は子どもに対して拒絶的な態度をとることが多く，子どもが泣いてかまってもらおうとしても逆に離れて行ったりする。そのため子どもは，養育者と一定の距離を置いて接することで，養育者が離れて行くのを避けようとする。両価型の子どもの養育者は一貫性のない気まぐれな接し方をすることが多く，子どもからすればどうしたら愛着の欲求を受け入れられるのか予想がつきにくい。それに対して，安定型の子どもの養育者は応答感受性が高い。つまり，子どもが泣いたときにその原因を察して，その要求に適切に応えることが多く，対応に一貫性があり，子どもの側からすれば養育者の行動を予測しやすいといえる。

　また，子どもの側の要因も愛着のタイプに影響することが示されている。赤ちゃんにもよく泣く子やあまり泣かない子，泣いていても抱っこですぐに泣き止む子など，個人差がみられる。このような気質とよばれる個人差は生まれてすぐの段階からみられ，おとなになってもあまり変化しない。赤ちゃんの気質は大きく3つのタイプに分けられる。"扱いやすい気質"に分類される約40％の赤ちゃんは，よく遊び，睡眠，食事が規則的で，新しい状況にも適応しやすい。"気難しい気質"に分類される約10％の赤ちゃんは，感情の起伏が激しく，睡眠や食事が不規則で，新しい状況に適応することが難しい。"立ち上がりがゆっくりな気質"に分類される約15％の赤ちゃんは，はじめは新しい状況やものに慣れることが難しいが，ゆっくりと慣れていく。残りの約35％の赤ちゃんはこの3つの分類のいずれにも当てはまらないとされる。このような赤ち

ゃんの気質の違いは，養育者の赤ちゃんへの対応に違いを生じさせることが予想される。たとえば扱いやすい赤ちゃんは，養育者の赤ちゃんへの愛情や自信を高め，養育者からの働きかけが増えたりして，愛着がより確立されやすいが，気難しい赤ちゃんは，養育者の自信を奪い，養育者からの働きかけが減少し，その結果，愛着の形成に影響することが考えられる。

このように，愛着のタイプは子どもと養育者，どちらか一方の要因で決まるのではなく，養育者と赤ちゃんの相互作用のなかで形成される。また，今日では，子どもとかかわる機会が最も多い母親だけでなく，父親や祖父母，保育者なども含め，子どもにかかわるすべての人々との関係が愛着の形成に影響し，幼児期以降の友人関係など，さまざまな心理・社会的発達に影響することがわかっている。

ボウルビーは，愛着が生涯にわたって人との関係の基礎となり，パーソナリティにも影響すると考えた。最近の研究でも，幼いころの愛着の状態が，大きくなってからの愛着のタイプや，小学校時代の社会的行動などと深く関連していることが明らかにされている。たとえば，乳幼児期の愛着のタイプが20歳時の愛着のタイプと一致していることが多いこと，乳幼児期に安定型だった子どもは，それ以外の子どもに比べて積極的，肯定的に友達に働きかけ，共感的に行動することなどが報告されている。では，乳幼児期に形成された愛着のタイプは，いったん形成された後，変化することはないのだろうか。これまでの研究では，人間関係の変化などをきっかけにして，より安定した方向に修正することは可能であり，発達の早い次期ほど，修正の可能性が高いといわれている。

遊びの発達

乳児期は，ことばによるやりとりはできないものの，生後3～4ヶ月のころには他の赤ちゃんを見つめたり，微笑んだり，手を伸ばしたり，6ヶ月のころには他の赤ちゃんの声を聞いて近づいて行ったりして，積極的にかかわろうとする。しかし，このころの赤ちゃんにとって持続的な双方向のやりとりはまだ難しく，一時的，一方的なかかわり方をすることがほとんどである。

（3）認知発達

　ピアジェは認知発達を4つの段階に分け，2歳までは最初の段階である感覚運動段階と考えた。この時期の赤ちゃんは，最初は口に触れたものを吸おうとするなどの反射的な運動をする。そして，大きくなってくるにつれて，手や足をばたばたしたり，手を使って対象物を握ったり落としたりするなど，自分の体を使った運動を繰り返しながら，はじめて出合う周りの世界を理解していく。

　また，この時期には"ものの永続性"が理解できるようになるとされる。5ヶ月くらいの赤ちゃんは，目の前に大好きなおもちゃが置かれていてそれを興味深く見つめていても，いったんそのおもちゃが布で隠されてしまうと，おもちゃなどなかったかのように興味をなくしてしまう（図2－4）。しかし，8ヶ月くらいになると，布でおもちゃが隠されても布を取り外しておもちゃを手に入れようとする。つまり，このころになると目の前にあるものが，他のもので隠されて見えなくなっても実際にはそこに存在するという"ものの永続性"を理解できるようになると考えられる。

　また，生後2～3ヶ月の赤ちゃんでも，短時間見せられた写真や挿絵を記憶したり，自分が学習したことを数日間覚えたりしていることがわかっている。先に紹介した選好注視法を用いた実験では，写真や挿絵が描かれたカードを用意し，1度に2枚ずつ繰り返し提示する。2枚のうちの1枚はずっと同じカードで，もう1枚は毎回違うカードが提示される。そうすると，赤ちゃんは繰り返し提示されたカードを見る時間が減少し，はじめて提示されるカードを長く見るようになる。つまり，生後2ヶ月の赤ちゃんでも繰り

図2－4　ものの永続性の理解

返し提示されたカードを記憶していて，そのカードには興味を失うと考えられる。また，モビールにつながっているリボンを赤ちゃんの足に結びつけて，赤ちゃんが足を動かせばモビールが動くようにした装置では，生後3ヶ月の赤ちゃんでも自分が足を動かせばモビールが動くということを学習し，さらに，そのことを2～8日後でも覚えていることが分かっている。

（4）コミュニケーションの発達

　赤ちゃんは1歳を過ぎたころには意味のあることばを話すようになるが，それまでも発達に応じたさまざまな方法によって，養育者とコミュニケーションをとっている。生後3～4ヶ月ごろになると，発声器官が発達し，お腹がふくれて機嫌のいいときなどに，クーイングとよばれる「アー」「クー」といったやわらかな音を出すようになる。この声を聞いた養育者は赤ちゃんがおしゃべりをはじめたように思い，赤ちゃんに話しかけることが増える。さらに，赤ちゃんのクーイングに合わせておとながまねをしたりすると，赤ちゃんの発声はさらに増えていく。また，このころには泣き声が減少し，目の前にいる養育者の目を見つめ，ほほえみかけたり声を出したりして，何かを要求したり不快な気持ちを伝えたりするなど，積極的に音声や表情でコミュニケーションをするようになる。また，生後3ヶ月ごろの赤ちゃんを対象にした実験で，赤ちゃんの目の前でおとなが急に無表情になると，赤ちゃんは声を出したり笑ったりして，おとなの反応を引き出そうとすることが示されていて，赤ちゃんはコミュニケーションの相手が何らかの反応をすることに期待し，期待どおりでない場合，相手の反応を引き出そうと自ら行動することが明らかにされている（ストリアーノ，2004）。

　生後6～8ヶ月ごろには赤ちゃんは「バーバーバー」「ダーダーダー」といった喃語とよばれる発声をする。生後11ヶ月ごろには，「バブ」など異なる音からなる喃語が出てくるようになる。喃語を発することで，赤ちゃんは音の練習をしたり，自分で声を出して楽しんだりしていると考えられている。

　一方，養育者は，ゆっくりとした抑揚をつけた高い声の，短く簡単に話す独特の話し方で赤ちゃんに語りかける。これはマザリーズとよばれ，赤ちゃんの

注意が話し手に引きつけられ，赤ちゃんと養育者のコミュニケーションを促す効果があると考えられている。

　生後9ヶ月ごろになると，養育者が見ているものを一緒に見たり，養育者に自分のおもちゃを見せたり，指差したり，おもちゃを渡してやりとりをしたりすることができるようになる。また，知らないものがあったら養育者もそれを見ていることを確かめ，養育者の表情を参照してそれに近づくか，離れるかを決める社会的参照ができるようになる。それまでの赤ちゃんには，養育者などコミュニケーションの相手となる人，または目の前の対象物との1対1の関係（二項関係）しか成立しなかったのが，このころになるとコミュニケーションの相手と赤ちゃんの関係に，対象物を含めた3者の関係（三項関係）が成立する（図2－5）。三項関係が成立することで，たとえば，赤ちゃんが見ているものを養育者が一緒に犬を見て，「"わんわん"だね」と言うことができるので，赤ちゃんは犬という対象物と"わんわん"ということばのつながりを知ることができる。このように，三項関係の成立はことばの獲得に大きな意味をもつ。また，ことばが現れてくる直前には，赤ちゃんは養育者を振り向かせるように声を出したり，養育者と目を合わせたり，指差しをしたりしながら，してほしいことを伝えるようになるといわれる。

　1歳ごろになると，赤ちゃんは意味のあることばを話すようになる。それまでも，たとえば「マンマ」などの発声はできていたのが，このころになると具体的にごはんと関連づけて使用できるようになる。話しはじめのころは，体の部分，動物，食べ物などの普通名詞，日常的によく使われるあいさつや，動作に関することばが主に使用される。しかし，赤ちゃんには，

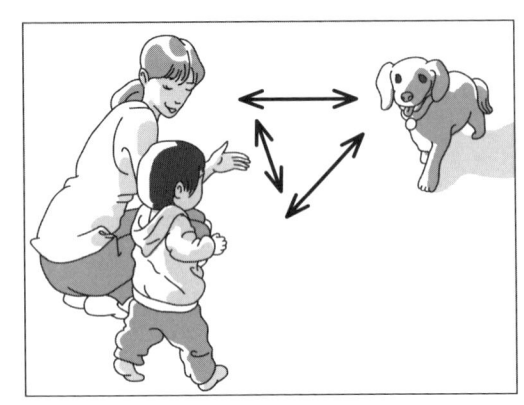

図2－5　三項関係

まだ，ことばを適切な範囲で使用することが難しい。たとえば，「ワンワン」ということばを犬だけでなく，猫や熊など，犬以外の他の動物にも広げて使ったり，逆に自分の家で飼っている犬やぬいぐるみなど特定の犬に限定して使ったりする。しかし，猫に対して「ワンワン」と言った子どもに対して，周りのおとなが「これはニャンニャンよ」と教えたり，外で犬を見かけたときに「ワンワンがいるね」などと話しかけたりすることによって，徐々に適切に使用できるようになる。また，このころはまだ，ことばをつなげて使うことができないので，一語文とよばれる話し方をする。子どもが「ワンワン」と言うときには，「犬がいるよ」とか「犬のぬいぐるみを抱っこしたい」などさまざまな意味が込められている。使えることばの数は，話しはじめのころはゆっくりと増えて，1歳半を過ぎると50語くらいになり，その後，急激に増える。

　このように，赤ちゃんのコミュニケーションの発達は，養育者をはじめとする周りの人たちとコミュニケーションをとりたいという気持ちに基づいた赤ちゃんからの働きかけと，周りのおとなからの赤ちゃんがかわいいと思う気持ちに基づいた熱心な働きかけがあって可能となる。愛情に基づいた養育者と赤ちゃんのやりとりは，コミュニケーションの発達においても重要な役割を担っているといえる。

【参考文献】
山口真美　赤ちゃんは世界をどう見ているのか　平凡社新書　2006
遠藤利彦・佐久間路子・徳田治子・野田淳子　乳幼児のこころ　有斐閣　2011
桜井茂男　はじめて学ぶ乳幼児の心理―こころの育ちと発達の支援―　有斐閣　2006

運動能力は遺伝するか？

　2012年に開催されたロンドンオリンピックの陸上競技の男子100m走では，ウサイン・ボルト選手が優勝し，前回大会の北京オリンピックに引き続き2連覇を成し遂げた。ウサイン・ボルト選手が世界中を熱狂させたなか，皆さんはこの競技の決勝に出場していたすべての選手がアフリカ系の選手であったことをご存知だろうか。

　近年，この競技ではアフリカ系の選手が目覚ましい成果を挙げており，この成果に遺伝が少なからずかかわっていることが報告されている。また，これまでに運動能力に関係する筋力・筋パワーは約30〜70%，持久力は約40〜70%の範囲で遺伝することが明らかにされ，このような運動能力に関係する遺伝子のひとつとしてACTN3遺伝子が注目を集めている。

　ACTN3遺伝子とは，骨格筋内のαアクチン3（ACTN3）タンパク質の発現を調整する遺伝子のことである。ACTN3遺伝子はR/R型とR/X型，X/X型の3つのタイプに分類される。R/R型は速筋繊維の割合が高く，筋力・筋パワーを要する運動に適したタイプである。また，R/X型は速筋繊維と遅筋繊維のバランスがとれた筋繊維の割合で，筋力・筋パワーおよび持久力のどちらも要する運動に適したタイプである。そして，X/X型は遅筋繊維の割合が高く，持久力を要する運動に適したタイプである。現在は，このような筋繊維のタイプを手軽に口腔粘膜から調べられ，運動能力の特徴を容易に把握することができる。

　もちろん，運動能力は遺伝要因のみによって決定するわけではなく，環境要因によって影響することが予想される。しかし，現代社会はトレーニングや休養の方法もほぼ確立され，栄養も十分に摂取できるなど，環境要因が選手間で均等になり，遺伝要因による影響が顕著に現れやすくなっている。したがって，近い未来，遺伝子の特徴とどのように付き合っていくかが，競技に専念する選手にとって最も重要な検討課題になるだろう。

（高井秀明）

第3章

幼児期・児童期の理解

1．身体と運動機能の発達

　幼児期（2歳～6歳）は，身体や運動機能が急速に発達し知的機能の基礎が形成される時期である。児童期（6，7歳～12歳）は，学校生活での学習を中心に人間関係やコミュニケーションなどが発達する時期で，小学校在学期間とほぼ一致することから「学童期」ともいう。

　身体や運動能力の発達は，知的機能と密接な関係がある。幼児期の身体的発達にともない，基本的生活習慣や知的能力の基礎が形成され，児童期ではスポーツの専門性に加え，人間関係や社会的行動の基礎が形成される。

（1）身体発達

　「乳幼児身体発育調査」（厚生労働省，2012）と「学校保健統計調査（速報）」（文部科学省，2013）から体重の発達を見ると，1歳2ヶ月で誕生時の約3倍，5歳で6倍，その後1年に約2～5kgずつ増加し10～11歳で約10倍になる。身長は，1歳で約20cm伸び，その後1年に7・8～10cm増加し，4～5歳で誕生時の2倍になり6歳ごろから1年に5～6cmずつ増加する。12～14・5歳ごろでは誕生時の約3倍になるが，その増加は1年に7～8cmや12～13cmと個人差が顕著となる。

（2）運動能力の発達

　1～3歳ごろは遊びを中心に移動系動作（走る・跳ぶ），操作系動作（ボールを投げる・捕る・つく），平衡系動作（転がる）ととらえることができる。

乳児期からの操作系動作（把握－到達反応）は，伸ばす・つかむ・離すなど左右の手や目との協応動作と外界の事物を認知することにより，形・色・距離・方向性などをとらえイメージ（表象）化され，運動能力と認知や思考の知的能力が発達し，基本的生活習慣の基礎が形成される。

　児童期の運動能力を「全国体力・運動能力，運動習慣等調査」（文部科学省，2013）からみると6歳～13・14歳ごろまではほぼ一定の割合で発達し，5～7歳ごろから言語教示やルールにしたがい運動制御や調整が可能となる。小学校高学年ではスポーツの専門性や嗜好性が明確になり劣等感の要因となりやすいが，ルールの厳守や目標達成のための協調性や競争力，さらには仲間意識が形成される重要な時期である。12歳ごろから運動能力は男子が優位となり，発達のピーク年齢は男子が17歳（持久力・柔軟性・走力種目など）と19歳（敏捷性・筋パワー種目など），女子は14～17歳で男子よりやや早く男女差が生ずる。また，児童生徒の運動やスポーツの実態をみると，「運動していない」「苦手」な男子は両項目とも小・中学生が約5％で差はないが，女子は小学生で7～9％が中学生では17～18％と増加し，女児の運動離れが顕著となる。

（3）睡眠の発達

　一晩の睡眠には，身体や脳の休養や回復のためのノンレム睡眠（nonREM：深い睡眠）と起きるためや夢や記憶に関係するレム睡眠（REM：浅い睡眠）が認められ，約90分周期で4・5回見られる。睡眠時間の発達は，新生児期では16時間，4～6歳で12時間，10～13歳で10時間，思春期になると約8時間となる。また，新生児期の睡眠では昼夜の区別はなく，睡眠－覚醒リズムは多相性睡眠を示す。生後16週ごろから24時間の太陽光に同調しながら昼夜の区別が生じ，5・6歳以降になると昼寝をしなくなり，約24時間のサーカディアンリズム（概日リズム）が形成され単相性睡眠となる。

　しかし，堀忠雄，福田一彦，神川康子らは，最近の子どもたちの生活習慣が夜型傾向となっていることから，就寝時刻の遅延や睡眠時間の短縮化による発達への影響を懸念している。たとえば，夜更かしによる夜間の光暴露は眠りを誘う神経伝達物質メラトニンの分泌を抑制し，また就寝前のゲームやテレビ視

聴は自律神経の興奮や緊張感を高揚させる。その結果，入眠困難や中途覚醒が増加し，起床時のイライラ感や日中の眠気による集中力や学力に影響を与える。さらに，24時間社会のなかで寝坊や昼夜逆転の生活など睡眠－覚醒リズム障害や睡眠障害の低年齢化の問題を取り上げ，子どもたちへの睡眠教育の導入の必要性を指摘している。

2．情緒の発達

　情緒の発達は，まず「興奮」を基本に味覚，触覚，聴覚などの刺激に対して不快と快が生じ（感覚感情），「不快」は苦痛・怒り・嫌悪・恐れ・不満に，「快」は喜び・得意・情愛などの情動や気分（雰囲気）へと分化し，さらに，優美，荘厳など社会的・文化的価値観を含んだ感情（情操）へと発達する。

　感情が行動の原動力となることを情緒的動機という。快感，喜び，満足感の表出行動のひとつとして新生児期の原始的微笑から社会的微笑があり，これらは母親とのコミュニケーションの手段や母性行動の動機づけとなる。幼児期や児童期では，新しい人間関係の確立，他者から自己の承認，課題や目標を達成したとき満足感や安心感が新しい行動の原動力となる。

　怒りの表出行動としての攻撃行動には，道具的攻撃と敵意的攻撃とがある。幼児期は主に目的達成のための道具的攻撃であるが，2～3歳ごろから敵意をともなう身体的攻撃が顕著となる。4歳になると身体的攻撃は減少し，悪口などの言語的攻撃が増加する。6～8歳ごろになると感情抑制が可能になるが，相手を無視したりその場を避けたりと孤立した行動もみられる。

　一般に，感情表出のサンプル行動は両親や第三者の社会的行動が影響すると考えられているが，より良い人間関係を形成したり維持したりするため自己の感情を適切に表現する手法（ディスプレイルール：表示規則）を理解し学習できるのは2歳ごろで，自律神経活動や身体的症状のコントロール，フラストレーション耐性や抑制法を学習することが適応課題となる。

3．認知・思考の発達

　ピアジェの発達理論を発生的認知論という。発達を外界の認知と行動から構成されている構造（枠組み：シェマ，スキーマ）ととらえ，外界の事象と自己の認知やイメージ（表象）の安定化（均衡化）を図り，外界の事象を取り込み自分の認知を解釈・理解（同化）する。さらに，外界の事象と自己の認知の均衡化を得るため，新しいシェマを獲得（調整）する過程と考え，発達段階を以下のように分類している。

（1）感覚運動期（誕生から1.5～2歳）

　感覚器官をとおして外界の事物を認知し身体運動を獲得する時期である。さらに区分すると，次のとおりである。
①原始的反射の時期（0～1ヶ月）
②偶発的・無目的的な単純動作と条件づけにより運動を反復する時期（第一次循環反応：1～4.5ヶ月）
③外界と自分の動作や運動との関係を認識し，行動を反復させ，目と手の協調（第一シェマの協調）による環境の変化を求める時期（第二次循環反応：4.5～8，9ヶ月）
④目的－手段との関係や対象の永続性が形成される時期（第二シェマの協調：8，9～11，12ヶ月）
⑤新しい手段を探索し発見する時期（第三次循環：11，12～1.5歳）
⑥表象によって新しい手段を発見する時期（洞察の発現：1.5～2歳）

（2）前操作的（自己中心性）段階

①前概念的（表象的）段階（1.5・2～4歳）……外界のものごとを自分が認知したイメージとして形成され，一度経験したことを後に再現する遅延模倣や表象（ごっこ）遊びが頻繁になる。また，事物の認知や思考が自分自身が認知したイメージに左右され，相手の立場や社会との関係を認識することがで

きない，自己中心性がみられる時期である。
②直観的（表象的）段階（4～7・8歳）……空間・時間・数・量などの抽象的概念が発達するが，日常の体験を通して認知したイメージで判断し結論を導きだす時期である。

（3）操作的段階

①具体的操作段階（7，8～11，12歳）……自分のとらえたイメージを具体的操作により調整していく時期で，自己中心性から脱中心化へと進み，事物や事象を仮定としてとらえ，実験的行為や具体的操作により結論を導きだす時期である。
②形式的操作段階（11，12歳～）……事物を抽象的・論理的に体制化（組織化）し，空間位置や時間的関係（絵の描写・地図・立体図・過去・未来）が理解でき，事象や事物を系列化・分類化できるようになる。また，数理能力の発達にともない空想の世界や科学的事象に興味をもち，情報検索や収集，分析や推測といった論理的な解決ができる時期である。

（4）心の理論（Theory of Mind）

　子どもは，日常経験から自然に身についたイメージで自分が正しいと認知・判断することから，他者の心と自分の心との違い（信念：誤信念）を理解できるか否かを研究する一つが，心の理論である。自分の信念と他者の信念を確かめる課題に，誤信課題がある。たとえば，バロン－コーエンらの「サリーとアンの課題」は，①サリーとアンが部屋で遊んでいる。②サリーは宝石を「バスケット」に入れて部屋を出ていく。③サリーがいない間にアンは宝石を「自分の箱」に入れる。④サリーが部屋に戻ってくる。この①～④の寸劇を子どもに見せた後，サリーが部屋に戻ってきたときに最初に宝石を探す場所を質問する。3歳児では自分の知る事実から「アンの箱」と回答する。「バスケット」との正答は4歳で約50％，5歳以降ではほぼ100％で「他者は自分の信念とは違う状況に応じて行動する」と理解できるためと考えた。他の誤信課題にマクシ課題やスマーティ課題などがある。

4．言語の発達

シュテルンの喃語期以後の分類を中心に言語の発達をみると，次のようになる。

①片言期（1〜1.5歳）……一語文や擬音・擬態語を使用できる時期
②命名期（1.5〜2歳）……名詞（物の名前を理解）を中心に動詞・形容詞が使え，二語文による表現や「これなぁに」と指さし行動や名称を質問する第一質問期
③羅列期（2.0〜2.5歳）……動詞を変化させ状況の変化や過去・現在・未来が区別でき，感嘆文や叙述文を用いた情緒的・印象的な表現がみられるが，短文で羅列的である。また，1.5〜2.4歳ごろは，集団内での独り言（自己中心的言語）が生ずる時期
④模倣期（2.5歳以降）……おとなの表現を模倣し，助詞や接続詞を使用し第三者も理解でき，事象の構造や原因などの質問が中心となる第二質問期である。また，5歳ごろまでは一部省略や逆転（ポップコーン⇒ポッコーン，チョコレート⇒コチョレート）した不正構音がみられる。

語彙量の発達は3歳で約1,000語から5歳では2,000〜2,500語と急増するが，ピアジェによる児童期の言語発達では，社会語（報告，非難・悪口，命令など）と非社会語（反覆，独言，集団的独言など）に分類し，小学校入学時で内語（内言語）が小学校3年生ごろになると黙読が可能となる。話しことばに加え書きことばの習得にともない，構音や語り，統語，意味などが言語的伝達の技能として発達し言語的コミュニケーションの基礎が形成される。

5．自我意識の発達

「自分とは何か」を認知することを自我意識といい，身体的自我，所有自我，社会的自我，そして精神的自我の順に発達する。

ウェルナーは，幼児がものごとを主観的・情緒的に人格化してとらえるその

見方を相貌的知覚とよんだ。「アニミズム」のすべてのもの（生物，無生物）に命が宿ると考えることも類似した現象と考えられている。また，自我の表出として，幼児期の3歳前後に目標を達成するために頑固に意志をつらぬき，養育者が静止しても激しい反抗的行動として自己主張する時期を第一次反抗期という。このような行動は，自分勝手でわがままな行動としてとらえられるが，前述したピアジェの自己中心性とは異なる現象である。

　児童期の8～9歳になると，社会的・精神的自我の発達にともない「理想自我」が形成される。理想自我と，友人や「現実自我」のあいだで身体能力や学力などを比較・自己評価することで，自信が生まれたり，あるいは両者の不一致が悩みや劣等感などの原因となる。これが自我形成や適応障害などに影響を与えると考えられる。

6．人間関係の発達

　人は家族や第三者との集団のなかで法的秩序，社会的地位や順位，相互の信頼性を確保するには，社会的行動を学習し，よりよい人間関係を確立，維持，回復する必要がある。そのためには，集団内での達成課題（目標）を把握し，そのなかでの社会的地位（たとえば親・教師・監督など）として第三者に期待される役割（役割的期待）と，その役割をどのように認知（役割的知覚）し，どのように実践（役割的行動）するかを理解し判断することが課題となる。

（1）母子関係

　ボウルビーは愛着理論の中で，施設での子どもの死亡率に注目し，死亡率の高い施設で医療や医療設備の改善を図ったが，期待した成果は得られなかった。しかし，医療設備が不備でも死亡率が低い施設では，身体的接触やコミュニケーションを取り入れていることを見出している。また，子どもが発達の早期から施設などで母親と分離状態になると身体的疾患，発達遅滞，パーソナリティを含む適応障害が生ずることをホスピタリズム（施設症・施設病），子どもが母親から養育や愛情を受けられない状態をマターナル・ディプリベーション（母

性剥奪）という。

　ハーロウは，母親の愛情が子どもに与える影響について，母親から隔離した仔ザルを対象に，哺乳ビンをセットした代理の「針金の母親」と「布の母親」を提供し，代理の母親との接触時間から検討を行った。いずれの仔ザルも哺乳量や体重増加に差はないが，哺乳が終わった後や新奇刺激に対して不安や恐怖を抱いたとき，いずれの仔ザルも「布の母親」にしがみつく行動を示した（図3－1）。布の母親への接触行動は，子どもには接触的快感を求める基本的欲求があり，母親の哺乳行動は生理・栄養面と心理的面の満足感や喜びの二重の役割をもち，身体的接触が子どもの成長に重要な役割を担っていることを示唆している。

（2）仲間との関係

　保育園や幼稚園での遊びや集団のなかでは，運動能力やことばの発達の程度が仲間と自己との相互の承認やリーダーとしての要因となり，家庭では物静かな子どもが活発になったり，反対に活発な子どもが孤立するなどの行動もみられる。

　高橋恵子は，人間関係の発達について，子どもと両親，家族，友人，第三者との人間関係を愛情ネットワークとよび，愛情を心の支えや自他関係の確立・維持・援助などととらえ，子どもが日常生活のなかで，食事や入浴，病気や悲

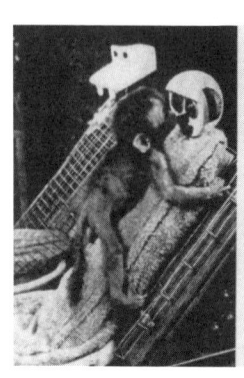

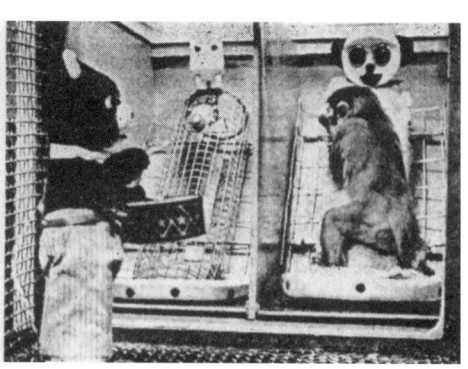

図3－1　代理母親と仔ザル (ハーロウによる)

しいときに「誰と一緒に行いたいか」とたずねた結果，幼児期では，母親を中核とする家族中心の人間関係であるが，入園後は家族以外の仲間や第三者へと移行すると述べている。

　児童後期では同じ価値観や目的をもった集団が形成される。そこでは特有の規範やルールが生まれ，連帯感や忠誠心が形成され社会的行動を学習（社会化）する。しかし，その規範や行動はいたずらや蛮行など反社会的傾向を示すことから，ギャングエイジ（徒党時代）とよばれる。また，思春期前半（中学時代）では，同じ関心や価値観により行動する同性・同輩グループ（チャムグループ）が形成される。とくに女子に多く，仲間同士でしか通用しない独特の言語や共通の秘密をもつことにより強い一体感を抱くが，これは人間関係のトラブルの原因にもなりやすい。

7．社会性の発達

（1）遊びの発達

　遊びの学説には，余剰勢力説，生活準備説，反復説，自己表現化説，本能説などがある。ビューラーは，感覚運動器官を中心とした「機能的遊び」（〜2歳ごろ），模倣や想像の「かこつけ（ごっこ・空想）遊び」（2〜4歳），読書など視覚・聴覚・言語などの「受容遊び」（2歳と4・5歳），そして，積み木や粘土などの素材から新しいものを構築する「構成遊び」（2歳以降）に分類している。

　また，パーテンは，就学前の子どもの社会参加の観点から，遊びを①何もしていない行動，②ひとり遊び，③傍観者行動，④並行遊び（2・3

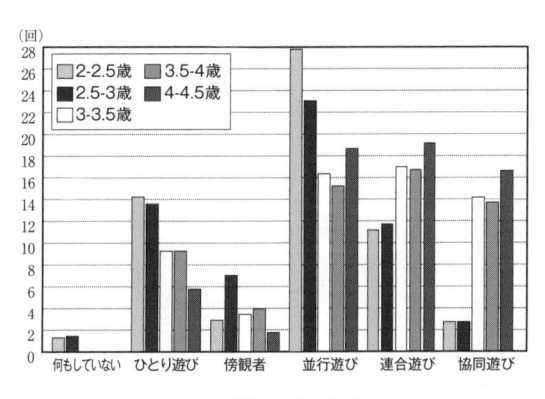

図3−2　遊びの形態と発達変化（パーテンによる）

歳〜），⑤連合遊び（2,3歳〜），⑥協同遊び（3・4歳〜）に分類している。3歳〜5歳では④〜⑥の遊びの出現頻度の年齢差は小さいことからこのころには，役割分担や組織化がなされリーダーの役割をともなう社会的遊びへと発達し，身体的・情緒機能，言語や知的機能，社会的行動の基礎が形成される（図3－2）。さらに遊びをとおし，内発的動機により好奇心や創造性，意欲や自発・自主性などが成長する。しかし，最近のインターネットや携帯電話によるゲームなどグローバル化社会における情報管理やモラル教育も重要な課題である。

（2）性意識と男女意識の発達

精神分析では行動の原動力をリビドーといい，フロイトは無意識層に抑圧された欲望や愛情と考え，異性の親への愛情と同性の親への憎しみをエディプス・コンプレックス（ユングは女子をエレクトラ・コンプレックス）と名づけた。幼児期では両親への愛情や性欲は，無意識層に抑圧され，思春期に第三者の異性に向けることで意識化されずに適応できると考え，また，発達のある時期の快感がリビドーとして固着し性格が形成されると考えた（表3－1）。

男女意識や男女差をみると，身体的・生理的組織や機能，形態の違いから自我意識が発達し，身近な男性（父親）や女性（母親）に自分を同一視させることで学習する。また，3歳ごろでは身体的形態や服装・容姿の違いを意識し，絵画にも男児は寒色系の空想的・三次元的世界を，女児は暖色系の身近な現実的・二次元的世界を描くなど男女差がみられる。

ハーロックは，男女意識や恋愛観について，第二次性徴期前の10〜11歳ごろになると同年代の異性に対しては否定的（性的嫌悪期）で，中学生になると尊敬する同姓の年上の先輩や教師へ愛情を抱く（愛着・英雄崇

表3－1　フロイトの発達段階

発達時期	発達期の特徴と性格
口唇期 （0〜1歳）	授乳している時期 口唇性格（依存的・受動的など）
肛門期 （2〜3歳）	排泄時の快感や満足感を抱く時期 肛門性格（規則的・強情など）
尿道期 （2〜3歳）	夜尿等で叱咤され屈辱感の反動を抱く時期 尿道性格（競争的・野心的など）
男根期 （3〜6歳）	性器に興味を持ち去勢恐怖を抱く時期 男根性格（無鉄砲・大胆など）

拝期）と考えた。

　北村邦夫は，日本家族計画協会の「思春期・FPホットライン」（2012）から，小学生から高校生の性の悩み相談は，男子は「性器・自慰・包茎」，女子は「月経・緊急避妊や妊娠」が多いことを明らかにしており，インターネットのコミュニティサイトをとおした性被害の悪質化や低年齢化の問題を指摘している。また，秋山三佐子は，子どもたちに性を理解させるには，遺伝的・解剖学的「性アイデンティ」，文化的・社会的男女らしさの「ジェンダーアイデンティ」，性的活動の「セクシャルアイデンティ」と自己との不一致や違和感を調整する必要があると述べている。

【参考文献】
ピアジェ　波多野完治（編）　ピアジェの発達心理学　国土社　1965
村田孝次　児童心理学入門　培風館　1981
前原武子（編）　発達支援のための生涯発達心理学　ナカニシヤ出版　2008
川島一夫・渡辺弥生（編著）　図で理解する発達―新しい発達心理学への招待―　福村出版　2010
高橋恵子・湯川良三・安藤寿康・秋山弘子（編）　発達科学入門（2）胎児期〜児童期　東京大学出版会　2012

子どもの運動技能の発達

梅雨に入る前の季節になると，子どもたちが運動会のための練習を楽しそうに行っている光景をあちこちで目にする。保育施設や学校教育の現場環境は，子どもの運動能力を発達させるための環境が満たされているとは言い難い。けれども，今あるその環境を工夫し，最大限に活かしながら子どもの運動技能を発達させることができるのは，子どもとの日常生活を共にする時間の長い保育者や教育者である。

以前，筆者が勤めていた教諭および保育士養成校では，子どもを育む「先生」をめざす学生のための運動技能の発達や運動能力の向上に力を注いだ。それは，「先生」が運動嫌いであれば，おそらく子どもたちの運動の場（機会）は少なくなるからである。そこで，筆者は室内でも屋外でも，子ども同士でも，おとなでも一緒に楽しめる運動遊びを考えた。その遊びは「多角形遊び」といい，一種のジャンプ遊びである。その内容は，子どもの敏捷性と安定性などの調整力を養うだけでなく，音楽に合わせたり，ことばの指示に反応させたり，2人以上と競争させたりするなどのレクリエーションやゲーム性を含んでいる。

先生は子どもが積極的かつ意欲的に，興味を示して継続的に行うことのできる簡便で楽しい運動遊びを工夫し創作することが必要である。そういった運動遊びに子どもが夢中で取り組むことによって，コミュニケーション能力や社会性が培われ，不適応行動を起こす子どもも減少するのではないだろうか。いずれにせよ，幼児期や児童期における遊びを中心とした日常の身体活動は，多様な動きを身につけ，心肺機能や骨形成に寄与するなど生涯にわたって健康を維持し，何事にも積極的に取り組む意欲を育んだりするなど豊かな人生を送るための礎となることは間違いない。

（河田聖良）

第4章

思春期・青年期の理解

1．青年期の意義

　青年を意味する"adolescent"ということばは,「おとなへ成長しつつある人」という意味である。それは児童期と成人期にはさまれた時期であって,子どもからおとなへと移行するために,どうしても通らなければならない端境期のようなものである。レヴィンはこのような状況をマージナル・マンとよんだ。古来,青年は,この時期にさまざまな社会経験を積むことでおとなの仲間入りをしてきた。しかし,現代社会においては,社会・文化の変質や心身の早熟化によって,なかなかおとなになれない若者たちが増えてきている。こうした青年期の長期化が,今さまざまな社会問題を引き起こしている。

（1）危機の時代としての青年期

　本来,青年期というのは,人生のなかでどのような意味を持っているのだろうか。
　表4－1は,これから本章で登場してくる著名な研究者たちが「青年期」について語った名言集である。学習を深める一助にしてもらいたい。
　人生のなかで,青年前期から中期にかけてはひとつの危機といわれている。それは,この時期に第二次性徴が発現し,性的欲求・行動が高まってくるからである。青年は自らの内部でうずくこの衝動に戸惑い,煩悶する。このとき,自我統制力が弱いと,誘惑に負けて性的非行に走りやすい。逆に,自我が強すぎると,性を嫌悪し,性的欲求を抑圧しようとして,強い不安や抑うつ感に悩まされる。

表4−1 「青年期」に関する名言集

事　項		内　容
レヴィン	マージナル・マン	子どもとおとなのいずれの集団にも含まれない境目に属する
ビューラー	思春期	不安、反抗、乱暴といった否定的傾向の強い青年前期
ホール	疾風怒濤の時代	心身の変化が激しく、不安と悩みの多い激動の時期
ミード	サモアの思春期	青年期は文化の所産であり、社会的現象である
ホリングワース	心理的離乳	乳児期の生理的離乳と区別して親から精神的に独立する時期
オーズベル	脱衛星化	社会の中の一員として暮らしていくのに必要な知識やスキルを身につけていく過程
ルソー	第二の誕生	性に相応しい社会的役割（性役割）を獲得していく時期
シュプランガー	自我の発見	精神的・社会的な自我の目覚め
エリクソン	心理・社会的モラトリアムの時代・自我同一性の確立	大人としてなすべき義務が猶予されている時期・「自分は何者か」という問いにきちんと答えられること

　また、この時期には、自我の目覚めによって自己の内面への関心が増大し、子どもっぽい自分とおとな臭い自分、現実の自分と理想の自分など、自己がいくつかに分裂し、対立する。そして、「自分は一体何なのか」「どういう人間になりたいのか」と問い詰めるが、はっきりと答えられない。いらだちと不安はいろいろと姿を変えてやってくるが、その理由もほとんどわからない。一方で、現実の社会は必ずしも青年の思うようにはなっていない。逆に、青年に多くの制約や圧力をかける。青年にとって現実社会は矛盾、不合理、不正義だらけに映る。こうしたイライラ感や不満が親、教師、社会への反抗となり、自分自身への攻撃となる。ときには周りから逃げ出して孤独感、絶望感にさいなまされ、ときには自暴自棄になるなどの自虐的・自己否定的態度に陥り、心が激しく動揺する。ビューラーが思春期、ホールが疾風怒濤の時代とよんだように、さまざまな面で変化の著しい激動の時期である。

（2）青年期の現れ方

　青年期というのは、人間だけにしかない時期であるといえる。他の動物は、親から保護されなければ生きていけない子ども時代と、生殖能力が備わり、自

力で生きていくことのできるおとな時代の2つしかない。

また，青年期特有の動揺や不安は，あらゆる国の若者にみられるものではない。たとえば，アメリカの文化人類学者ミードは，サモアに暮らす若者はゆっくりと連続的に社会や文化の形態を学習するので，むしろ青年期は人生のなかで最も楽しく充実した時期であることを報告している。つまり，青年期の危機は，思春期に突然起こる生理的変化だけが原因ではないということである。

プレスコットは，①生物学的発達に規定される身体的成熟，②青年自身の価値観，願望などの精神的発達，③社会や文化の生活形態による圧力，といった要因が働き合い，そこから青年期のさまざまな問題が生じると指摘している。

2．青年期の心理と行動

（1）身体の発達と第二次性徴

思春期に入ると，急速に身長が伸び，男子では声がわり，精通，発毛，女子では初潮，乳房のふくらみ，といった第二次性徴が起こる。とくに，性ホルモンの働きにより，男子は男らしい，女子は女らしい体つきや生理的機能が備わってくる。

a．思春期スパート

人は0～2歳ごろの第1次成長期と，10～13歳ごろの第2次成長期に急激な発育をする。とくに身長の伸びは2期にピークを迎えるので，イギリスの発育研究者タナーは，この時期を思春期スパートと名づけた。平均的に男性よりも女性の方がこの思春期スパートは早くはじまるといわれている（図4－1）。

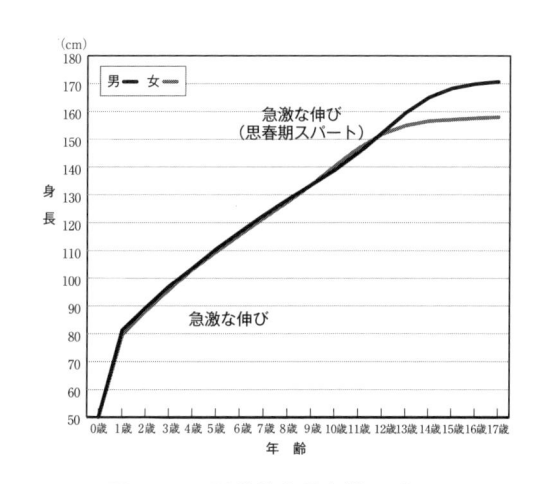

図4－1　平均的な思春期スパート
（「平成23年度学校保健統計調査結果」より作成）

b．発達加速現象

　発達加速現象とは，世代が新しくなるにつれて，身体的発達が促進される現象である。身長・体重・胸囲などの量的側面が加速する成長加速現象と，初潮・精通などの性的成熟，乳歯が生えはじめ永久歯に生え変わるといった質的変化が早期化する成熟前傾現象がある。

　近年，日本を含む先進諸国では，とくに成長加速現象は停滞傾向にある。日本では1982（昭和57）年にはじめて男子17歳の平均身長が170cmを越して以来，平成に入ってからもほとんど伸びていない（図4－2）。ただ，初潮年齢は1992（平成4）年の平成期に入ってからも12歳前後まで低年齢化している（図4－3）。

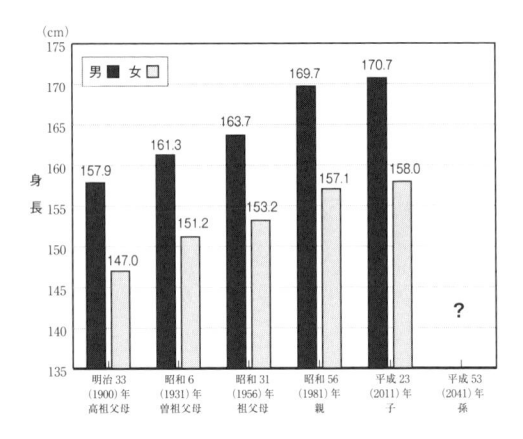

図4－2　17歳の平均身長の推移
（「学校保健統計調査：年次統計・年齢別平均身長の推移」から作成）

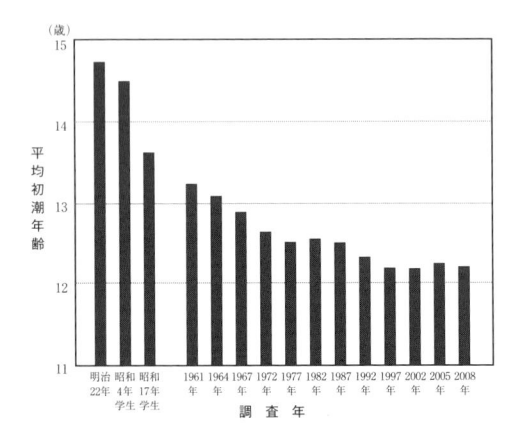

図4－3　日本女性の初潮年齢の推移
（大阪大学大学院人間科学研究科の
「平成23年2月第13回全国初潮調査資料」より）

　日本人の平均身長は，縄文時代から弥生時代にかけては伸びており，古墳時代以降，江戸～明治時代にかけて低くなっている。弥生時代までは狩猟採集経済が中心であったが，そこに農耕文化が加わって食料の供給安定度が高まり，穀物依存の食生活が成立した。その結果，肉を食べなくなったことによる動物性タンパク質の不足が身長の低下を招いたのではないかと推測されている（図4－4）。

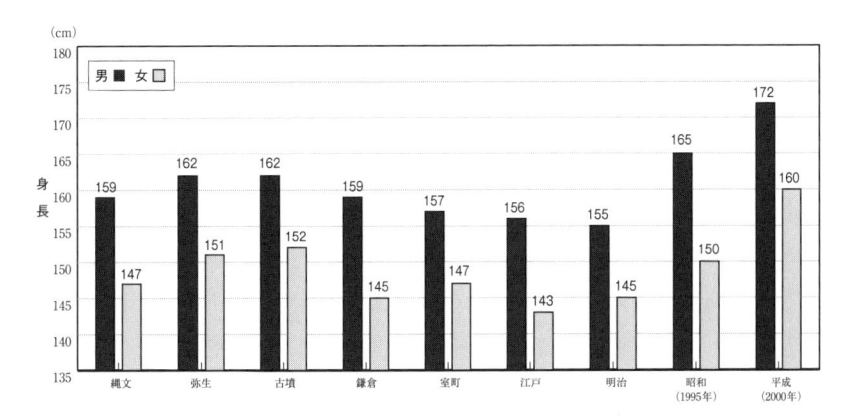

図4-4 日本人の平均身長の時代推移(各種文献・統計資料から推測して作成)

こうした発達加速現象の原因としては，栄養状態の改善，生活様式の欧米化による影響，スポーツの普及など，さまざまな要因が挙げられている。

(2) 社会性の発達

私たちは，生まれてから死ぬまで周囲の人と共に社会のなかで暮らしている。まず両親や家族からの影響を受け，そして地域社会や学校教育から影響を受け，自分とかかわるすべての人から影響を受ける。またテレビなどのマスメディアからも大きな影響を受けるだろう。こうして，人は社会の一員として暮らしていくのに必要な知識やスキルを身につけていくのである。このように，所属する社会にふさわしい人物となるための過程を社会化という。

「おとなになる」ということは，心や身体がおとなの水準に達するということだけではなく，おとなの社会に参加して，おとなとしての役割や知識，スキルを身につけていくということも意味している。このことをホリングワースは心理的離乳，オーズベルは脱衛星化といっている。ルソーのいう第二の誕生もそうである。ルソーは『Emile（エミール）』(1762)の中で「我々は二度生まれる。最初は生存するため，二度目は生きるため，また，最初は人間の一人として，二度目は性をもった人間として」と述べている。

a．友人関係の深化

　オーズベルは，青年期の交友関係のタイプを，①クリーク（clique）：結びつきの強い仲よし集団，②クラウド（crowd）：クラブ活動などの仲間関係，③ギャング（gang）：児童期のギャング集団に類似，に分類し，青年期の交友関係の特徴として，①クリークからクラウドへと拡大，②親友の成立，③準拠集団としての交友関係が決まってくる，④異性への関心の増大，を挙げている。つまり，心理的に離乳した青年は外の世界に広く目を向け，仲間集団に所属することを願い，その集団が持つ行動基準へ自己を同一化させようとする。さらに，自我意識の確立にともなって，真の理解者を求め，親密な友人関係を結ぶようになる。こうして，青年は自制心・自立心を獲得し，バランスのとれた社会性を身につけるようになるのである。

b．道徳性の発達

　青年期になると道徳心がかなり発達し，小さな原則に従おうとするよりは，もっと根本的な大原則に基づいて何をすべきかを判断し，自立的に行動できるようになる。コールバーグは，表4－2のような道徳性の認知発達理論を提唱している。

（3）自我の発達

　幼児は「自分」という意識が明瞭ではないから，自分の行為を自覚できないし，内省できない。したがって，目の前の興味あるものにのみ即物的に心を動かすだけである。

　児童期に入ると，その認識領域は拡大され，自我が拡張されていく。親に叱られる自分，ほめられる自分，仲間に認められる自分，いろいろな自己像が心中に渦巻く。しかし，まだそれを統一して「自分はこうだ」と主張することはできない。自我がその幼児性を脱却し自己像が確立されるのは，主体的自我が明瞭に意識され，自己を省察できるようになる青年期である。

a．自己概念の発達におよぼす要因

①自分の中の優越した行動パターンによって自分自身を知覚する。
②周りからの評価を通して自分を見る（鏡映的自己）。

表4−2　コールバーグの道徳性の発達（3水準6段階説）

水　準	段　階
Ⅰ　前道徳的水準	①罰を避けるために規則に従う ②報酬や好意を得るために同調する
Ⅱ　慣習的な規則への同調	③他人に認められ，嫌われないようにする「よい子の道徳性」（友人や親，おとなの期待に合った行動ができる） ④権威によって維持される道徳（社会の一員として秩序や法律を守る。国や地域社会に貢献し，義務を果たし，自分の役割を遂行する）
Ⅲ　自己受容的な道徳的原理	⑤民主的に受容された法による道徳性（個人の権利を尊重し，社会的公平さが判断できる。困っている人は，それだけで援助されるに値するという認識がもてる） ⑥良心に基づく道徳性（普遍的な倫理観をもつ。人としての権利や価値，尊厳を平等に尊重できる。例えばキリストやブッダ，孔子のような人物）

③他人との社会的関係のなかで，自分をどの程度の重要さで認めるかによって自己概念が決定される（社会的比較）。

④役割遂行の成否が最終的な自己概念を決定する要因となる（自己効力感）。

b．自我の拡張と沸騰

　第一反抗期を終えた児童期は嵐の前の静けさである。波静かな児童期の次に，あたかもそれを否定するような第二反抗期が現われてくる。

　第一反抗期が身体的・物的な自我の目覚めで，家庭内の波紋だけであったのが，第二反抗期は，シュプランガーのいう精神的・社会的な自我の目覚めである。第二次性徴による急激な心身の変化に直面して，青年の関心は自分自身に向けられる。そして，内面を意識するようになると，独立の欲求が目覚める。これは，親や教師などの監督や統制から離れて，自分の考えで自由に行動し，自己の特権を主張しようとする方向へと広がっていく。自我の沸騰である。

　今までは明るく素直だった子が中学生になると急に暗くなり，ふてくされて無口になる。時間をかけて朝シャンをしたり，しょっちゅう鏡を見たりする。派手な格好やオシャレをする。反抗のターゲットが親だけでなく，社会全体に向けられる。こうした言動がみられるようになるのは，青年の内面に自我（見る自分）と自己（見られている自分）との対立，現実の自分と理想の自分との戦いが生じるからである。青年期における自我の探究は，このような泥沼の中

から這い上がってくるところからはじまるといってもよい。

c．自我同一性の確立

　青年期を終え，おとなになるということは，社会のなかで生きていくために「自分を確立する」ということである。「自分が本当にやりたいことは何か」「どういう人生を送りたいか」「どういう人間になりたいか」という問いに，実際に答えていくことである。いわば，乳児期に形成された安定した根っこ（基本的信頼）の上に「心の大黒柱」を建設する作業である。このことをエリクソンは自我同一性の確立とよんだ。自分はどんな人間であり，その自分は人からどのように見られており，どんな好みや価値観をもち，自分は将来どういう道を歩んでいきたいかなどがしっかりとわかっているということである。

　青年は，この同一性の確立に向けてさまざまな試行錯誤をするが，それはなかなか容易なことではない。そこで，青年が真のおとなになるためにはしばしの猶予期間（モラトリアム）を必要とする。つまり，青年は自己修行中なので，社会の側が青年に対して社会的な責任や義務の遂行を猶予するのである。その間に青年は学問に励み，自分の趣味や得意分野に打ち込み，自分をより高めることで，将来に向かってどう対処するかを真剣に考えなければならない。

　反面，これがうまくいかないと，「一貫した自分の姿」への確信が失われ，その結果，不安と緊張が高まり，危機的な精神状態に陥る。いわゆる同一性の拡散とよばれる状態である。かつての青年は「このように生きるべし」という国家的な指針が与えられていたが，現代にはそういう枠組みがない。自由である。それがかえって同一性の確立を妨げているのかもしれない。

3．引き延ばされる青年期

　青年期のはじまりは，おおよそ第二次性徴の出現の時期と考えられるが，現代社会にあっては発達加速現象によって青年期の開始が早められている。一方，青年期の終わりを表わす経済的・社会的自立という点では，以前よりかなり遅れてきている。それは，近年，上級学校への進学率が高まり，さらに晩婚化も加わって，一人前の社会人，職業人となる時期が後ろへ引き延ばされてきたか

表4-3　青年期の発達課題(ハヴィガーストによる)

①同年齢の男女の仲間と新しい，より成熟した関係をもつ
②男性・女性としての社会的役割を理解する
③自分の身体的変化を理解し，身体を効率的に使用する
④両親や他のおとなからの情緒的独立
⑤経済的独立の目安を立てる
⑥職業の選択および準備
⑦結婚と家庭生活の準備
⑧市民として必要な知的技能と概念を発達させる
⑨社会的に責任のある行動を求め，それができるようになる
⑩行動の指針としての価値や論理の体系を身につける

らである。いわゆる，現代青年はおとなの義務と責任を背負うことが嫌で，いつまでもモラトリアムに甘んじているという傾向がみられる。

(1) ハヴィガーストの発達課題

ハヴィガーストは，人間が健全で幸福な一生を送るためには，各発達段階で達成しておかなければならない課題があると述べている。青年期の発達課題は**表4-3**の10項目であるが，これらの課題を大学卒業時にすべてクリアーできている青年は，今どれくらいいるだろうか。

(2) おとなになれない若者たち

現代は自我同一性を確立しにくい時代である。社会に出て就職し，結婚して子どもをもち父母になるという点では，昔も今もあまり変わらないが，その中身には大きな違いがある。今は父母になっても，本当の意味で親になったという自覚に欠ける親たちが増えている。結婚しても，いつまでも親になることを引き延ばしている夫婦も目立つ。家庭や家族に対する帰属意識も希薄である。職場や仕事に就いても，あれもこれもと転職を繰り返す人が多い。このような生き方は，従来の自我同一性の確立という意味合いからすると，おとなになれない人ということになる。現代では,内面的に何をもっておとなとみなすかは,とても難しくなっている。

a．モラトリアム人間

　青年期を延長し，いつまでもモラトリアム状態にとどまる青年層がきわめて多い。モラトリアム人間は，ある目的を達成するためには，ほかの可能性を捨てて，自分のすべてをそれにかけるという一点集中型の生き方ができない。あれもこれも型であり，自分の多様な可能性を常に自由に発揮できるような柔軟性をもっている。しかし，社会に対して当事者意識を欠き，お客様的であり，集団や組織への帰属，忠誠心が薄く，何事にも一時的，暫定的にしかかかわらない。いつでもそこから逃げ出せる，すぐ辞められる自由を保障しておこうとする。すべてではないが，フリーターやニートとよばれる人たちに多い。

b．パラサイト・シングル（浅見光彦症候群）

　学卒後も親と同居し，基本的生活を親に依存している未婚者をいう。まるで親を宿主として寄生（パラサイト）しているようにみえることから，このようなよび名がついた。家事のほとんどを親に任せ，収入の大半を小遣いにあてることができ，時間的・経済的に豊かな生活を送っている。また，人間関係の満足度や自己実現欲求も高い。結婚すると生活水準が下がることから，結婚への興味，関心は薄い。

（3）悩みなき青年期

　古典的な青年観では，青年期は不安定な時期で，傷つきやすく，悩み多き時代と考えられてきたし，今もなおそういったイメージは強い。悩み苦しみ，もがくことで青年は成長し，おとなになっていくのだと考えられている。しかし，普通の青年の多くは適応的で，安定的に成長しており，目立った苦悩や反抗・逸脱を示すことは少ない。従順で要領よく，保守的である。大学生協連が実施した2011年の調査結果では，勉強も遊びもバイトも満喫し，大学生活が充実していると答えた適応的な学生は87.5％に上っている。今の青年期は疾風怒濤の時代ではなく，いたって平穏であるかのように見える。

　しかし，それは本当だろうか。今も昔も青年期が危機の時代・激動の時代であることを端的に示すものとして，非行や自殺などの反社会的・不適応行動がこの時期に急増することが挙げられる。平成25年版「子ども・若者白書」に

よると，少年（14歳〜19歳）の犯罪件数は近年減少傾向にはあるが，依然，平成24年の一般刑法犯中23％が少年で占められ，人口比（同年齢層の人口1,000人あたりの検挙人員）で見ても，少年の犯行率は成人のそれの4倍近い値になっている。さらに，薬物乱用，非行，不良行為，いじめなどの問題行動で警察の検挙・補導を受けたものは，全少年のほぼ6％にも上っている。他方，自殺は，児童期にはきわめて少ないが，青年期に入ると急増化している。平成25年度版「自殺対策白書」によると，15〜24歳では死亡原因のトップである。とくに，生徒・学生の自殺者数は2011（平成23）年にはじめて1,000人を超えるという深刻な事態を迎えており，動機は「学業不振」や「進路の悩み」が上位に挙げられている。また，20歳代以下の若者の「就活失敗」による自殺者数も2009（平成21）年を境に急増しており，若年層の「生きづらさ」がいかに今，深刻なものであるかがわかる

　最後に，現代学生百人一首で高1の女子が詠んだ川柳を掲げておく。
「友が降り電車に一人残されてため息深く演技終了」
　　　　　　　　　　　　（2010年1月15日付朝日新聞「天声人語」より）
　今の高校生の半数は，朝，高校の門をくぐるとき「さあ，今日も演技しなくっちゃ」と心に念じるそうである。もし，そうなら，今も昔も青年期の本質は何も変わっていないということになる。

【参考文献】
内田樹　下流志向—学ばない子どもたち働かない若者たち—　講談社　2007
大渕憲一　思春期のこころ　ちくまプリマー新書　2006
佐藤学　「学び」から逃走する子どもたち　岩波ブックレット　2000
白井利明・都筑学・森陽子　やさしい青年心理学 新版　有斐閣　2012
溝上慎一　現代青年期の心理学—適応から自己形成の時代へ—　有斐閣選書　2010

スポーツ選手のプロ化と自立

　世界に通用する選手となるには，非常にお金がかかる。朝から晩までトレーニングを積み，海外遠征や国際試合を通じて力をつけていくことになる。国が全面的にサポートする諸外国もある。日本では企業スポーツという独自のシステムに守られて活動する選手も数多い。そのほとんどが通常業務の負担を軽減してもらいながら，ある程度競技に専念できる環境を整えてもらっているというのが現状であろう。見方を変えれば「プロ」ともいえる。

　プロは結果で万人を納得させ，技術で観客を魅了し，勝負で人々を熱狂させ，人間性でも存在意義を示さなければならない。そのような状況下でプロとして活躍し，引退後も十分に生活できるだけのお金を手にすることができる選手は，ほんの一握りである。

　自信を後ろ盾にしている生業ゆえに，結果に対してのプレッシャーや不安は計り知れない。成績次第では，志半ばで若くして第2の人生をスタートさせなければならないのである。華やかで魅力的な世界に潜む切実な問題であり，「プロ」のセカンドキャリアは，日本のスポーツ界全体で取り組まなくてはいけない問題でもある。

　筆者自身も「プロ」として生活した経験がある。そこにあったのは，前途洋洋で，世界を見すえたトレーニングや食事，休養だけではなかった。契約から経理全般の事務的な仕事，孤独，焦燥感，長期のスランプや試合での"あがり"もある。競技に没頭しながらも，頭の片隅に将来の不安がつきまとうことは常であった。しかし，もがきながらも前向きに進んで行くことで，学んだことはたくさんある。

「プロ」「アマチュア」を問わず，競技を愛し，世界を視野に努力を続けることができる環境があるのは素晴らしいことである。選手たちはそのなかで，優れた人間性（人格）を築き上げていくことが非常に重要であると考える。多くの競技で，選手がトップ選手でいられる旬は短い。しかし，その選手たちは高い自己実現の欲求をもっているはずである。競技に没頭しながらも広い視野と自らの哲学をもち，周囲との協調と勉強を怠らず，自立した選手になることが，次のステージでも，自らを生かし輝けることにつながるのではないだろうか。

(辻 昇一)

第5章

学習成立の理解

1．学習と記憶

　赤ちゃんは生まれた瞬間から，母親に教えられなくても，自力で呼吸をはじめる。そしてほどなく吸啜反射や嚥下反射が生じて母乳をスムーズに摂取するようになる。この反射は新生児期における成熟徴候のひとつとされ，生まれつき備わっている身体の機能が胎児から新生児へ劇的に変化発達する時期に発現する。このように人間には身体的な成熟だけで具体化する行動がある。しかし日常にみられる行動の多くは日々の経験を通して習得され，状況に応じて自在に変化する。新しい経験をすることによって，それまで困難であった行動ができるようになるなど，変化をする過程が学習である。学習とは「経験による比較的永続的な行動の変容」と定義される。
　記憶は，学習した結果を保管し必要に応じて思い出そうとする過程を指す。この記憶のはたらきは学習だけでなく推理や思考など，高次の認知機能の基底をなすものと考えられている。

2．学習

（1）馴化と鋭敏化

　動物に対して突発的に音刺激を提示すると驚いて跳ね回ったりするが，同じ刺激を反復すると反応は次第に弱まっていく。このように同じ刺激に慣れる現象を馴化とよぶ。逆に，再刺激に対してますます過敏に反応する場合は鋭敏化とよばれ，強烈で有害な刺激ほど生じやすい傾向がある。動物界に広く認めら

れる行動の変化であり，学習の
ひとつとされる。それぞれ慣れ，
感作とよばれることがある。

(2) 効果の法則

学習の法則性を見出す実証的試みは，動物に実験的方法を適用することからはじまった。

19世紀末，ソーンダイクは，問題箱とよばれる囲いに閉じ込

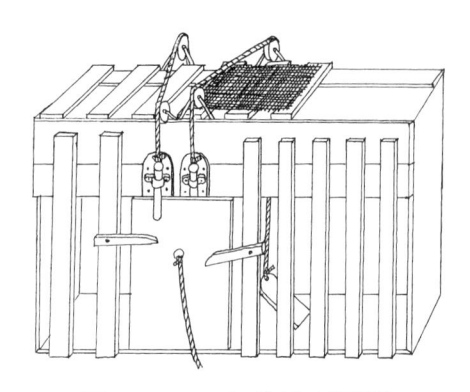

図5-1　ソーンダイクの問題箱

めた空腹のネコの行動を観察した（図5-1）。箱の扉は棒の差し錠で閉じられているが，ネコがひもを引っ張ったりレバーを踏んだりすると，棒が抜けて開くようになっている。ネコは囲いの外に出ると餌を得ることができる。実験のはじめの段階ではネコは場当たり的に無駄な行動ばかりしているが，実験を繰り返していると偶然にひもに触れたりレバーを踏んだりして箱から出るということが起こる。実験の回数が増えるにしたがって，脱出に要する時間は短くなっていった。ソーンダイクは，このネコの行動は試行錯誤的であって，さまざまな行動のなかで，直後に報酬（快）をともなう行動だけが強まり，その他の行動は排除されていくと考えた。効果の法則とは，報酬をともなう行動だけが選択されていくことであり，試行錯誤学習の進行を説明するキーワードとされている。

(3) 条件づけ──連合学習

a．古典的条件づけ

生理学者のパヴロフは，唾液腺の研究のためにイヌの唾液の分泌量を測定していたところ，給餌担当者がイヌへ近づく足音がするたびに，分泌量が増加することに気づいた。そこで，ベルを鳴らしてから肉粉を与えることを繰り返し経験させてみると，ベル音だけで唾液の分泌が生じるようになった。本来は餌の刺激によって唾液分泌反応が起こるのであるが，この場面ではベル音の刺激

によって唾液分泌反応が起こっている。ベル音が餌をともなうという関係（随伴性・連合・関連づけ・接近ともいう）を経験することによって，新たな刺激と反応の関係が形成されたと解することができる。梅干を見るだけで唾液が出るようになるのと同じ状況である。パヴロフは

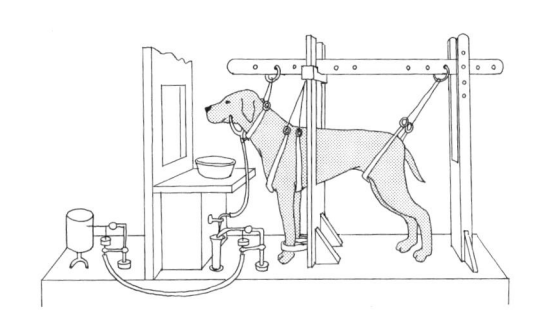

図5－2　パヴロフの実験

この現象を条件反射とよんだが，後年，刺激と反応の関係に注目した行動主義心理学者の研究と区別するために，古典的条件づけとよばれるようになった。

b．古典的条件づけの基本用語

　古典的条件づけでは，餌のように生得的な唾液分泌反応を生じさせる刺激を無条件刺激とよぶ。無条件反応とは餌によって生じる唾液分泌反応のことである。本来ベル音は唾液分泌反応を生じさせる刺激ではない。その意味で中性刺激という。中性刺激であるベル音と無条件刺激である餌を対提示する手続きは強化とよばれる。強化を通して唾液分泌反応を引き起こすようになったベル音は条件刺激，ベル音のみで生じる唾液分泌反応を条件反応という。

　条件づけの成立後，類似のベル音を提示すると，その程度は弱いが同じ反応が生じる。この現象は般化とよばれる。また成立後に，もとの条件刺激に対しては強化の手続きを行い，類似の刺激のほうは強化しないと，もとの条件刺激だけに反応するようになる。これを分化または弁別とよぶ。ベル音のみを反復提示し続けるとしだいに唾液分泌反応は弱まっていく。この過程は消去とよばれる（図5－2）。

c．オペラント条件づけ

　オペラント条件づけを象徴する実験がスキナーによって行われた。ネズミのレバー押しの条件づけがそれである。レバーを押すと餌が出てくる装置（スキナー箱）の中へあらかじめ空腹にさせたネズミを入れると，はじめは探索行動をするばかりでレバー押し反応は生起しない。そこで尾の先端などがレバーに

触れると，すかさず実験者が装置を動作させて餌を出す。何らかのきっかけを与えないと学習を進行させるのは困難である。これはシェーピング（反応形成）とよばれるきわめて重要な手続きである。

偶然にレバーを踏んで餌が出てくる経験をすると，まもなくレバー押しが頻発するようになる。餌が出ることがレバー押し反応をさらに強めることになるのである。自発的にレバーを押す反応と餌との関係を経験することをとおして成立する学習である。お手伝いをした子どもがたまたまおやつをもらえると，おやつを予想したり期待して，自発的にたびたびお手伝いをするようになるのと同じ状況である。おやつは毎回でなく2回に1回の割合でも，しつけることは可能である。強化のスケジュールは学習の進行に大きな影響をおよぼす。オペラントは自発する反応ということを意味している（図5-3）。

図5-3　スキナー箱

スキナーの実験のように刺激（餌）が出現すると反応（レバー押し）が強められることを正の強化とよび，刺激は正の強化子とよばれる。もしも刺激が電撃であって，レバーを押すと電撃が止むという装置であれば，同じくネズミのレバー押し反応は強められるが，その場合は負の強化とよび，電撃は負の強化子とよばれる。

逆に，反応を弱める手続きもある。悪戯をする生徒を叱って止めさせるのは，正の罰の手続きであり，叱責は負の強化子である。また，悪戯をする子どものおやつを取り上げて止めさせようとするのは負の罰の手続きであり，おやつは正の強化子である。反応の異同に注目して図式的に表すと次のようになる。

・先行反応(レバー押し)⇒餌が出る⇒反応頻度の増加(レバー押し)＜正の強化＞
・先行反応(レバー押し)⇒電撃が止まる⇒反応頻度の増加(レバー押し)＜負の強化＞
・先行反応(悪戯をする)⇒叱責する⇒反応頻度の減少(悪戯が止む)＜正の罰＞

・先行反応（悪戯をする）⇒おやつをやめる⇒反応頻度の減少（悪戯が止む）＜負の罰＞

（4）観察による学習 —— モデリング

　本人自らが経験しなくても，他者の行動を観察するだけで学習が成立することがある。これをモデリングとよぶ。園児のままごと遊びで男子が父親役をやり女子が母親役をする様子は，父親や母親の行動を観察することによって学習されたことを思わせる。
　実生活におけるモデリングは，より複雑な事態を含んでいることが多い。バンデューラは，場面の一部が異なる複数の映像を幼児たちに見せる比較実験を行った。ある行動をした登場人物がほめられている映像を見た園児と，その人物が同じ行動をしてもほめられていない映像を見た園児について，その後の行動を比較したところ，ほめられている場面のある映像を見た園児のほうが，映

恐怖条件づけ

　ワトソンは極端な環境主義者でもあった。ワトソンは，自分に健康な1ダースの乳児と彼らを育てるために私が決める環境を与えてくれるなら，そのうちのだれでも，才能や人種とは無関係に，医者，法律家，芸術家，乞食や泥棒にでも育ててみせると言ったという。
　ワトソンとレイナーは，アルバートと名づけた生後11ヵ月の乳児に対して，恐怖条件づけの実験を行った。当初アルバートは白ネズミに関心を寄せていたが，白ネズミに触れると同時に大きな音を鳴らして驚かすことを数回繰り返すと，アルバートは白ネズミを見るだけで泣き出して逃げるようになった。アルバートの白ネズミに対する恐怖は条件づけによって学習されたのである。
　アルバートはその後どうなったのだろうか。医者？　法律家？　それとも……。残念ながら確かなことはわかっていないが，早世説が有力のようである。
　現在ではこの実験計画は倫理委員会で拒絶されるだろう。ワトソンは，当時の言語報告に頼る意識研究では，乳幼児の心を調べられないことに不満があったのかもしれない。

像の中の人物と同じ行動をする割合が多くなっていた。ほめられたのは園児ではなく画面の中の人物であるのに園児の行動は増加したことから，これを代理強化とよんだ。観察に基づくオペラント条件づけの成立と解される。逆に，もしも園児がしつけを守らずに叱られている仲間を見たならば，その子は実際に叱られなくても同じ行動はしなくなることが予測できる。

　もちろん，人間の多様な行動を連合学習や観察による学習だけで説明することはできない。その多くは高次の認知活動によるところが大きいと考えられている。

3．記憶

（1）記憶の段階

　ある人が記憶しているかどうかは，書いたり話したり実際に思い出してもらわないとわからない。19世紀末に記憶の科学的研究をはじめたエビングハウスは自ら実験を試みて，1回の暗誦で6個の無意味つづりを誤りなく言えたが，8個にすると誤りを生じたという。

　記憶は3つの段階に分けて考えられている。第1段階は符号化とよび，記憶に取り込む段階である。記銘ともいわれる。第2段階は，貯蔵または保持とよび，記憶に留めておく段階である。第3段階は検索または想起という。記憶から取り出すことである。何か新しいことを覚える場面を想像してみるとよくあてはまることがわかる。

（2）記憶の種類

　記憶には2つの側面があり，非常に短い時間だけ覚えている記憶の一部が，より長い時間にわたって覚えている記憶へ送られる仕組みになっている。前者を短期記憶とよび，後者を長期記憶とよぶ。

　短期記憶は，電話番号を聞いて電話をすることができたものの，その直後に番号を忘れてしまうような，保持時間は短く量的に少ない記憶である。リハーサルをしたり，数字を切り分けて数個のかたまり（チャンク）にまとめるなど

の方略を使っても，保持時間は十数秒，保持量は5～9個程度である。

　短期記憶には記憶の保持機能のほかに，認知活動の際に働く情報処理機能が備わっていると考えられている。その機能的特徴に注目してワーキングメモリ（作動記憶）とよぶことがある。

　長期記憶はふだん記憶とよんでいるもので，日々の出来事の記憶や遥かに遠い昔の想い出，あるいは学問の知識など無数にある。長期記憶は内容が豊富なだけでなく，人に尋ねられてはじめて本人が覚えていることに気づくなど，その種類や性質は多様である。そのためさまざまな分類が試みられている。

（3）長期記憶の分類

　テストの出題範囲を事前に学習して試験に臨んだときには，答えを覚えているという意識があり，記憶した事項を意識的に想起して解答する。思い出そうとして思い出す。この意識をともなう記憶を顕在記憶という。問われたことを意識的に思い出すことは，テストに限らずふだんのなかでしばしば行われていることである。これに対して，たとえば母国語であれば，一つひとつ単語を意識しなくても使うことができる。いつどこで記憶したかも判然としないが，記憶しているからこそ流暢に淀みなく話すことができる。このように，覚えているという意識をともなわない記憶を潜在記憶という。

　また，個人の日常的な経験を思い起こす記憶と，自然法則のような一般的知識の記憶は異なると考える立場がある。前者をエピソード記憶，後者を意味記憶とよんで区別している。

　さらに，エピソード記憶と意味記憶は叙述することができるが，バットの振り方のような微妙な行動の仕方の記憶（手続き的記憶）などは，言語的に叙述するのは難しい。この違いに注目して，叙述可能な記憶を宣言的記憶とよび，後者を非宣言的記憶とよぶことがある。

　記憶は，認知心理学の主要なテーマであり，今後さらに発展が期待される分野である。

（4）記憶の調べ方

　暗記モノといわれるテストで合格点をとるか否かは「確かな記憶の多寡」にかかっている。たとえば英語の単語やイディオムを答えるテストの場合は，通常，再生法，再認法，再構成法が用いられる。

①再生法……記憶内容を手がかりなしに正しい文字順でそのまま記述させる方法
②再認法……記憶リストに含まれているか確認を求める方法。多肢選択式の問題はその典型である。
③再構成法……記憶した順序どおりに復元させる方法。単語の並びかえ問題が相当する。

（5）忘却

a．エビングハウスの実験

　エビングハウスは，節約法とよばれる手続きによって一般に忘却曲線として知られる結果を得た。まず，あらかじめ準備した無意味つづりを完全に言えるまで反復し，その後時間をおいて同じことを繰り返すと（再学習），はじめに完全学習に要した回数からみると，ある程度少ない回数で正しく言うことができる。その比率を節約率として経過時間ごとに算出した結果，忘却は短時間のうちに急激に起こるが，その後の変化は少ないことを明らかにした（図5－4）。

b．忘却の理論

　忘却が時間の経過とともに生じるのは確かなことである。それでは記憶は古い順に消失するのであろうか。ソー

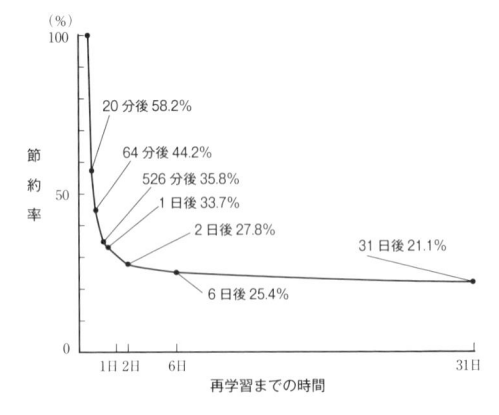

20分後 58.2%
64分後 44.2%
526分後 35.8%
1日後 33.7%
2日後 27.8%
6日後 25.4%
31日後 21.1%

図5－4　忘却曲線

ンダイクは，学習は練習のあいだに起こり，練習をしないと忘却するとして，「不使用」が忘却を生じさせると考えた。

忘却についてはさまざまな研究があるが，その多くは忘却に影響を与える要因に関する研究であり，近年では実験的条件下だけでなく日常生活における記憶の問題をうまく

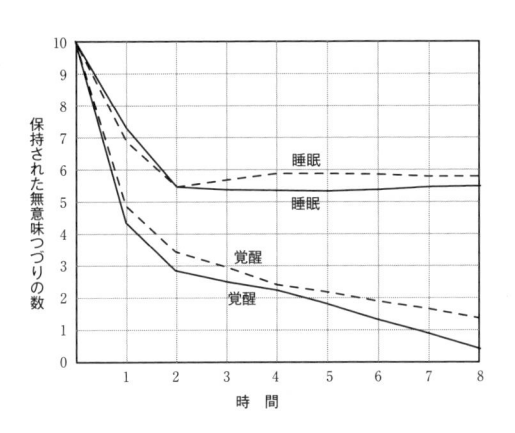

図5－5　ジェンキンスらによる干渉の効果

説明するデータが集積されつつある。そうしたなかで干渉説は主要な理論のひとつと考えられている。ジェンキンスとダレンバックによる初期の研究では，2人の大学生に対して，夜間に10個の無意味綴りを記憶させ，睡眠をとらせた後に再生させた場合と，昼間に記憶させて日常の活動を続けた後に再生させた場合の再生数を比較した。その結果，睡眠をとったほうが再生数は多かったという。昼間のいろいろな活動が干渉して再生数が低下したと考えられる（図5－5）。

そのほか記憶は貯蔵されているが検索に失敗した結果が忘却であるとする立場もある。想起できなくても，手がかりを提示してやると思い出すことがあるという事実は，検索失敗説を支持する事例とされる。

4．思考

（1）問題解決と方略

広義の思考には人間のあらゆる知的作用が含まれる。なかでも問題の解決に向けてなされる知的活動は心理学が古くから関心を寄せてきたテーマである。

ソーンダイクは，ネコの問題箱の実験で観察されたネコの行動の特徴から問題解決の本質は，推測のような高次の精神作用ではなく，試行錯誤であると考

えた。行動主義心理学の観点からは刺激と反応の連合学習（S－R理論・刺激－反応説）であるとされた。

　一方，ゲシュタルト心理学者ケーラーは，問題解決にあたって重要なことは問題場面全体を見渡して事態を掌握し，見通しを得ることであるとした。問題解決はサインとその意味するものが結びつくことによると考えるのでS－S理論とよばれる。場理論とか認知説ともいう。

　それでは問題解決場面ではどのような方略が適用されるのだろうか。問題は複雑多岐にわたっているので方略もさまざまであるが，アルゴリズム的方略とヒューリスティックス方略の2つに分類されることが多い。

　問題解決の方略としてのアルゴリズムは段階的手法ともよばれる方略であり，手順が明確で，かつ実行すれば必ず解決できる手続きを指す。四則混合計算はその一例である。他のひとつは，ヒューリスティックスである。ヒューリスティックスは発見的方法ともよばれ，これまでの経験に基づいて有効とおもわれる類似の方法を適用することである。目標に至る正しい手順である保証はないが，うまくいけば時間と手間を節約できる方法である。経験則による方法といえる。

　次頁のパズル「ハノイの塔」の問題を解いてみよう。

（2）注意

　注意とは気持ちを集中させることである。注意の対象はふだん見聞きする身の回りの出来事ばかりではない。昔の出来事を思い出そうとするときは記憶に注意を集中しているし，問題解決はまず課題に注意を向けることからはじまる。注意はあらゆる知的な作業を下支えしている機能である。

　注意のさまざまな機能について統一的理解は得られていないが，基本的な事実のひとつはカクテルパーティー効果として知られている。人々の声で溢れている賑やかな会場で友人と話をしているとき，周囲のざわめきが音量は同じレベルであっても気にならない。これを選択的注意という。

　また注意は1つの対象に注意を向ける場合と，同時に複数の対象に注意を向ける場合がある。前者は焦点的注意，後者は分割的注意とよばれる。問題解決

ハノイの塔の問題

　中央に積まれている円盤を1個ずつ移動させて，右端にそのままの順番で積み上げてください。ただし移動できるのは1回に1個で，かつ一番上の円盤だけです。また大きい円盤を小さい円盤の上に置くことはできません。

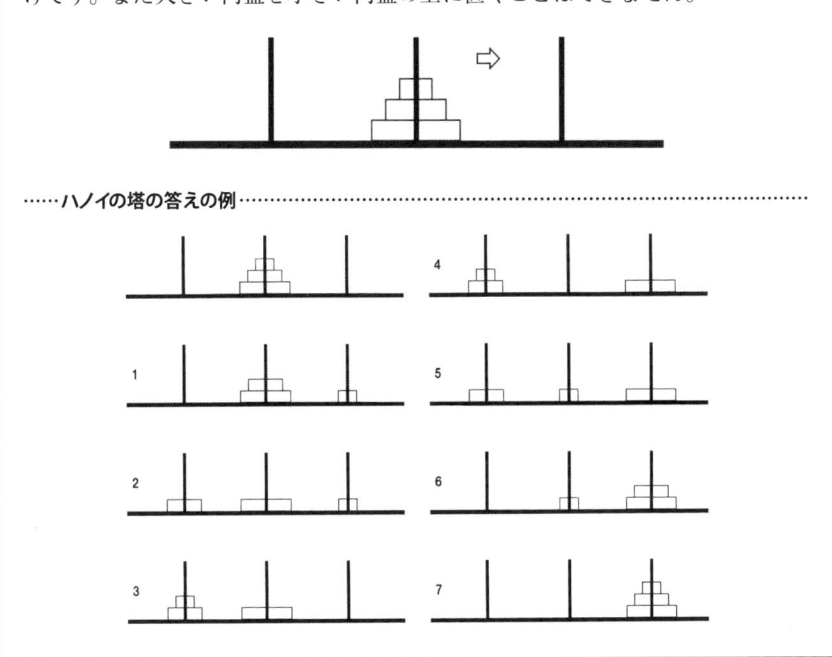

……ハノイの塔の答えの例……

の過程が複雑で難易度が高いときは両者が継時的に働くと考えられている。

【参考文献】
京都大学心理学連合（編）　心理学概論　ナカニシヤ出版　2011
楠本恭久・藤田主一（編）　教職をめざす人のための教育カウンセリング　日本文化科学社　2009
日本応用心理学会（編）　応用心理学事典　丸善　2007
今田寛・宮田洋・賀集寛（編）　心理学の基礎　培風館　2003
リン, R. L.（編）　池田央・藤田恵璽・柳井晴夫・繁桝算男（日本語版編集委員）　教育測定学　原著第3版　上・下　C. S. L. 学習評価研究所　1992

運動学習と記憶

「好きこそものの上手なれ」とは昔からよくいわれていることである。人は好きなものに対しては熱心に努力をするため，まずはその運動を好きになっていくことが上達の近道であるとされている。

たとえば，あるスポーツを始めるときに自分もやってみたいと思ってから取り組む場合と，他人に勧められてから取り組む場合とでは，前者のほうが上達する可能性は高い。これは個人のもつ動機づけ（モチベーション）とも深く関係している。つまり，やる気になったほうが運動の上達や記録の向上などに大きく貢献するのである。

また，運動を学ぶ人がいればそれを指導する人もいる。指導者の立場からは，年齢や発達を考慮した指導を行うことが重要であるとされる。幼児期であれば，「はしる」「とまる」「とぶ」「しゃがむ」などの基本的な運動をたくさん行うことで，身体の動かし方を学ぶ。このころの運動は，「遊び」を主としたものであり，「鬼ごっこ」などがよく用いられている。児童期になれば，「はしる」と「とぶ」を組み合わせた運動が可能になるなど，より高次な発達段階に到達する。そして，その後も生涯にわたって発達は続いていくのである。指導者はこのような視点を指導に取り入れ，学びの保障につなげることが求められるだろう。

子どものときに学習をすると，おとなになるまでその内容を覚えていることがある。たとえば自転車の乗り方を一度学習していると，乗らない時期があったとしても問題なく乗ることができるだろう。これは，どのような身体の動かし方であったかが，脳や神経系や筋肉などの働きによって記憶として貯蔵されているためである。いわゆる「身体が覚えている」状態であると言い換えることもできる。このようなことから子どものころの運動は，生活の基盤を支える重要な役割があるといえる。自転車に限らずとも，私たちの生活を見直してみると子どものころに学んだ身体の動きが，今もたくさんの場面で使われていることに気づくのではないだろうか。

（鈴木悠介）

第 **6** 章

効果的な学習方法の理解

1. 学習指導法の形態

　学校の授業は，教える側の教師と学習者である生徒との相互関係により展開される。学校における教育方法は，教育心理学の父とよばれたヘルバルトの「子どもは受動的な存在である」という見方に基づいた教師主導型の学習指導法が原型となっている。これに対し，デューイは「子どもは好奇心が強く，環境に対して主体的にはたらきかけることのできる存在である」という学習者参加型の学習指導法を提案している。この2つの教授法には互いに長所と短所がある。

　教育現場では，児童生徒に知識をどのように定着させ，思考能力を育成させることができるかという観点が重要である。そのためには，常に新しい指導法を模索し，児童生徒の発達段階や学習目標などにより，最も効果的な指導法を選択していくことが求められる。

(1) 発見学習

　ブルーナーによって提唱された発見学習は，学習する内容の最終的な答えを事前に教師から教えられず，与えられた課題から児童生徒が自分の力で結論を導き出していく学習法である。具体的な授業法として理科の授業などで用いられている仮説実験授業では，児童生徒は問題を提示され，与えられた資料からその問題の解答を予想し，仮説を立てる。次に，その仮説を検証する方法を考え，実際に実験などを行って証明する（表6-1）。発見学習では，学習者自身が学習すべき命題を発見するために試行錯誤を繰り返すので，問題解決の技法を身につけることができる。また，学習者が積極的に課題へ取り組むことで

表6-1 発見学習のプロセス (ブルーナーによる)

段　階	課　題	詳　細
第1段階	学習課題の把握	問題場面を提示し，学習者に発見すべき課題の内容を明確にとらえさせる
第2段階	仮説の設定	与えられた資料を検討し，仮説を立てる
第3段階	仮説の練り上げ	仮説を論理的に組み立て直し，仮説の妥当性を検討する
第4段階	仮説の検証	資料を照合して証明し，実験を行って仮説の妥当性を検証する
第5段階	発展とまとめ	資料の照合や実験などの仮説検証で得られた結果を統合し，結果を導き出す

課題内容の記憶が促進され「もっと知りたい」という思いが高まるメリットがある。

そのため，発見学習は，探究心が養われ（探究的態度の形成），目標に到達するまでの手段や方法の発見（問題解決）に役立ち，自ら学ぶ姿勢を促進させるなどの効果が期待できる。しかし，発見学習に適した学習内容は限られており，学習内容が理解されるまでに時間がかかるといったデメリットもある。

（2）有意味受容学習

受容学習は，教師が児童生徒に結論を先に提示する学習法である。発見学習と対照的に教師中心の一方的な授業になりやすく，学習者を消極的・受動的にするという批判がある。

学習を，学習者の主体的なかかわりの程度の違いである「発見学習対受容学習」という次元と，学習すべき内容が学習者の既有知識と関連づけて与えられるか，単なる暗記項目として与えられるかの違いである「有意味学習対機械的学習」との次元でとらえると，4つの学習に分類される（図6-1）。

この学習の種類のなかで，オーズベルは児童生徒がすでに所有している認知構造の中に，新しい教科内容を関連づけ取り込むことに成功したとき，理想的な「有意味受容学習」が成立すると考えたのである。

新しい言語的教材を効果的に学習するためには，その教材についての適切な認知構造が児童生徒に存在していることが必要である。しかし，まったく新し

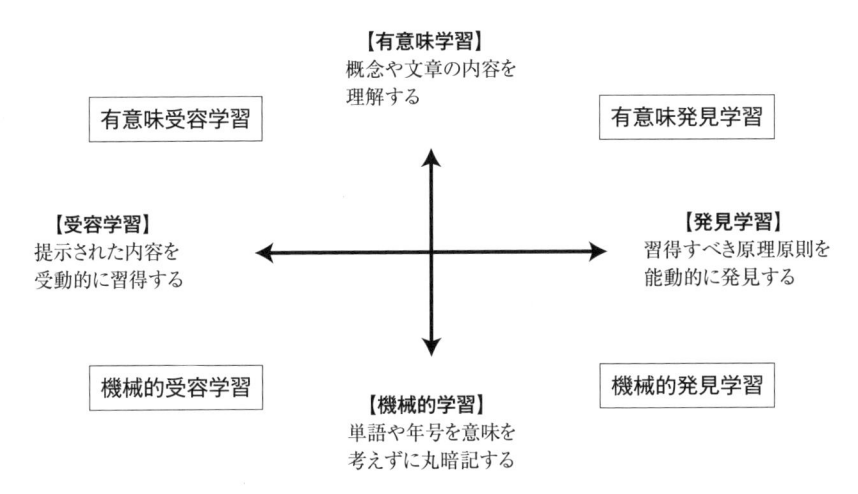

図6-1 有意味受容学習の位置づけ(オーズベルによる)

```
         【有意味学習】
         概念や文章の内容を
         理解する
有意味受容学習              有意味発見学習

【受容学習】                 【発見学習】
提示された内容を             習得すべき原理原則を
受動的に習得する             能動的に発見する

機械的受容学習              機械的発見学習
         【機械的学習】
         単語や年号を意味を
         考えずに丸暗記する
```

図6-1 有意味受容学習の位置づけ(オーズベルによる)

表6-2 先行オーガナイザー(オーズベルによる)

種　類	内　容
説明オーガナイザー	学習者にとってまったくなじみのない新しい学習内容のときに使用される
比較オーガナイザー	新しい学習内容と学習者がもっている既存の知識との相違点を鮮明にしたり，類似点を整理したりするときに使用される
図式オーガナイザー	学習すべき基本的な概念や，それを学習する手順を図式化したものを，学習材料を与える前に提示する

い教材を扱う場合には，そのような認知構造がないのが普通である。そこで，新しい教材を扱う場合に，提示する教材に関連した情報を前もって与えておくと，新しい言語的な教材を効果的に学習する認知構造ができあがり，有効であると考えたのである。この先行する関連情報は「先行オーガナイザー」(**表6-2**)とよばれている。先行オーガナイザーは単なる要約や概観とは異なり，実際の学習課題よりも抽象的かつ一般的で，より包摂的なもののほうがよい。

　有意味受容学習は，学習の重要なポイントをあらかじめ児童生徒に説明するので，誤解や混乱を招くことが少なく，しかも教科内容を理解するまでに必要な時間や記憶するための負担も少ない。

(3) プログラム学習

プログラム学習は，スキナーによって考案された個人の理解度や速さに合わせた個別学習の指導法である。ここでは，オペラント条件づけの理論が応用され，行動形成（シェーピング）の技法が基礎となっている。表6－3にあるような原理に基づいて，学習内容を細分化し，「教材の提示→学習者の反応→学習者へのフィードバック」というプロセスを繰り返して学習を進める。ここでは細分化された学習内容の最小単位をフレームといい，各フレームが適切な順番で配列された後の学習内容を学習プログラムとよんでいる。

スキナーが考案した学習プログラムは直線型プログラムとよばれ，直線型プログラムは全員が同じコースをたどることが特徴で，学習開始から目標達成までの過程を直線的なものとしてとらえ，学習者の誤答を最小限に抑え，正答を積み重ねることを重視している。そのため，比較的単純な概念や法則を学習する際に適している。

これに対し，クラウダーによって提唱された分岐型プログラムでは，誤答に

表6－3　プログラム学習の原理と効果 (スキナーによる)

原理	特徴	効果
① スモールステップの原理	学習目標に到達するためのさらに小さな目標（正答率90～95%）に分け，難易度の順に小刻みに並べる	学習者が失敗の経験を少なくしながら，自然に説き進めていける
② 積極的反応の原理	学習者が自発的に解答し，積極的解答を継続する	学習の内容が強化され，学習が進む
③ 即時確認の原理	学習者が問題に解答すると，その直後に解答の正誤がフィードバックされる	成果がすぐに示されることで，意欲的に学習に取り組め，望ましい回答が認識でき，学習を自分で調整できる
④ 自己ペースの原理	学習者が自分に適した速度で学習を進める	自分のペースで進められることが，自発的で意欲的な学習への取り組みにつながる
⑤ フェーディングの原理	学習の初期に問題の解答につながる手がかりを複数与え，次第に減らし，最終的には手がかりなしで解答できるようにする	手がかり情報を埋め込みや，視覚的情報の付け加えをしながら，目標となっている学習内容そのものを知識として身につけることができる

も意味があると考えられており、より教育的なプログラムであるといえる。学習者の誤答の内容に応じて修正用フレームに分岐し、学習者は自分の回答が誤りである理由を説明されたのち、もとのフレームに戻り学習を進めるのである。それぞれの特性や反応に応じて異なるコースをたどり、誤りを修正する機会を与えることで学習が促進され、複雑な問題解決の課題を扱う場合に適している。

2．効果的な学習の方法

(1) 適性処遇交互作用

　学習指導法や学習法の有効性を考えるうえで留意しなければならないのが、提示する方法と学習者の適性との関係である。どんなに工夫された指導法であっても、学習者にとってわかりやすいものでなければ意味はない。クロンバックは、学習者の個人特性（適性）により教授法（処遇）の効果が異なり、適正と処遇の間に交互作用が生じることを、適性処遇交互作用（ATI：Aptitude Treatment Interaction）とよんでいる。スノーらによる実験で、物理学の学習内容を教える場合、人とかかわることが苦手な対人積極性の低い学習者には、教師が実演して教えるよりも、教えている場面の映像で教えた方が効果的であった。しかし、人とかかわることを好む対人積極性の高い学習者では、結果が逆になり、学習者の特性を考慮してさまざまな指導法（表6－4）から適切な方法を選ぶ必要があることが示唆されている。

表6－4　効果的な学習方法 (筆者による作成)

条件	効果	特徴
学習方法	全習法＞分習法	学習教材はいくつかに区切る分習法より、はじめから終わりまでひとまとめにして学習する全習法のほうが能率的である
学習時間	集中法＜分散法	一定時間休憩を入れずに学習を続ける集中法より、途中に休憩を入れる分散法のほうが疲労回復などの効果が高い
暗証の有無	暗証法＞通読法	積極的な意図をもって学習する暗証法は、単に単語を通読する場合に比べてはるかに効果がある
理解の有無	丸暗記＜理解	ただ内容を丸暗記するよりも、学習しようとするなかに含まれている原理を見つけて学習した方が学習効果が大きい

(2) グループ学習

　学習指導の形態は，教師が担当するすべての児童生徒に対して一斉に授業を行う一斉学習，一人ひとりの児童生徒に個人のペースで課題に取り組ませる個別学習，数名の小集団で共同作業や話し合いをさせるグループ学習に分けられる。このグループ学習の生産性を向上させ，協調性を養うために，次のような方法がある。

a．バズ学習

　小グループに分けて意見交換をし，その結果をクラス内で発表や討議する学習方式である。

b．ジグゾー学習

　1つの教材をいくつかの部分に分け，担当した部分を各グループで討議したり調べたりして，最終的にクラス全体で仕上げる形態である。他のグループとの意見の衝突がなく，グループ間で協力し合って進められる。

c．ブレーン・ストーミング

　オズボーンにより考案された発想法で，司会（議長）が中心となって10名程度のメンバーでミーティングを行い，集団で考えることにより創造的なアイディアを引き出す。この際，①メンバーのアイディアを評価・批判しない，②しきたりや固定概念にとらわれない自由なアイディアを尊重する，③アイディアの量を求める，④他人と自分のアイディアを結合し改善するなどのルールが定められている。

(3) 練習効果

　体育の授業は，技能についての知識や理解も必要であるし，チームプレーについて好ましい態度も養われるが，何よりも運動技能の学習に重点がおかれている。

　ソーンダイクによれば，繰り返し反復練習することによって形成されるような練習による学習には，「刺激と反応の結合は，練習によって強められ，練習しないと弱められる」という練習の法則が成り立つとされる。この練習の進行

と効果をグラフに表したものを学習曲線という。学習者の年齢や能力や取り組む練習の難易度によっても異なり，練習による進歩は一定ではなく，練習しても効果が現れずに停滞してしまう高原期（プラトー）という段階がある。ここでは，学習者の疲労のほか，意欲や興味の低下がみられるため，休憩を入れたり，励ましたりするなどの工夫が必要となる。

3．学習効果に影響を与える要因

（1）動機づけとやる気

　学校現場では，児童生徒は多くのことを学びながら成長し，教師はその成長を支える必要がある。しかし，教師が必死に児童生徒に働きかけるだけでは，児童生徒の成績が向上するとは限らない。児童生徒に学習するための心の準備ができ，やる気があるかどうかが重要となる。
　やる気を育む動機づけは，何かをしたいという動機（欲求・要求）が存在し，これを満たすためにはどうすればいいのかという手段的行動（方法）があり，こうなるであろうという結果（目標）がわかっていないと実際の行動には結びつかない。

a．外発的動機づけと内発的動機づけ

　外発的動機づけとは，ほめられたり叱られたりという外界からの働きかけのほかに，罪悪感や恥をかきたくないという他者からの評価によって高められる動機づけである。学校教育の場面では，教師から声をかけられたり，認められたりすることは報酬として作用し，課題を達成したときにほめられることなどで学習への動機づけが高まる。
　一方，教師からの叱責やテストの点数が低いことは，児童生徒には罰として作用する。そのため課題に失敗したときに叱られた児童生徒は，その後，同じ課題で失敗することはなくなるかもしれないが，叱責という罰によって，動機づけが低下する場合があるため注意が必要である。
　内発的動機づけには，理解したり探索したりする楽しみや喜びのほか，成功体験による喜びや満足，あるいは勉強などに没頭する充実感を得るためのもの

などがある。知的好奇心や，学習内容に対する興味によって高められる動機づけであり，外的な報酬や罰に依存しないという点で外発的動機づけと対照的である。

　人間は本来的に，自分の能力を発揮して目的を達成することに喜びを感じるよう動機づけられている。成長する過程で新しい環境を切り開き，そのなかで自分の力を発揮させようとするコンピテンス（有能感）という力をもっており，これが内発的動機づけの源泉となっている。

　学習に対する内発的動機づけが高い生徒は，学習活動それ自体が報酬となるため，学習活動が持続する。また，知的好奇心によって「知りたい」という欲求が高まるため，学習内容をより深く理解することにつながると考えられる。学校教育場面では，内発的動機づけから発生する学習活動が望ましい。

b．達成動機

　スポーツの試合でよい成績を出そうと努力したり，授業で出された課題などを成し遂げようとしたりする場面では，成功や失敗といった結果や評価が生じる。このような状況で起こる，自分や他者が設定した目標を自らの力で達成したい，他者だけでなく自分に打ち勝ちたい，困難を克服して自分の能力を向上し自尊心を高めたいという欲求を，マレーは達成動機とよんだ。

　アトキンソンは，達成動機づけの強さには達成（成功）への「接近傾向」と「失敗回避傾向」の側面があることを指摘している。達成目標への接近傾向とは，困難であっても成功したいという目標に向かって挑戦し，それによって自尊感情を維持し，高めようとする動機（成功獲得欲求）によって動機づけられる場合のことである。失敗回避傾向は，失敗によって面目を失う恐れ，失敗を回避することによって自尊感情を保とうとする動機（失敗回避欲求）によるものである。

　成功獲得欲求が失敗回避欲求より強い場合には，積極的に行動し，やる気があるようにみえる。反対に，失敗回避欲求が成功獲得欲求より強い場合には，行動が消極的になり，やる気がないようにみえてしまう。

　しかし，実際にはやる気がないのではなく，失敗回避欲求によって動機づけられている可能性があるわけである。失敗への不安が大きいと積極的に取り組

んだときに失敗することに対する強い恐怖を感じる。そのため，失敗を避けようとするあまり防衛機制が働き，あえて努力しないという状況を生み出すことがあることも把握しておきたい。

表6－5　達成動機と原因帰属（ワイナーによる）

達成動機	成功	失敗
強い	自分の能力	努力不足
弱い	課題の難易度	自分の能力

c．原因帰属

　スポーツの試合で，自分の思ったような成績を出せずに負けたとき，その原因がどこにあるのかと振り返ることがある。このように結果の理由や原因を求めることを原因帰属という。ワイナーは，達成動機の強さによって，成功や失敗をどのようにとらえるかという原因帰属のスタイルが異なると述べている。達成動機が強い人は，成功したときは自分に能力があったととらえ，失敗したときは努力不足ととらえる。達成動機が弱い人は，成功したときは課題がたまたま簡単だったととらえ，失敗したときは自分の能力不足であったととらえる（表6－5）。

　このことから逆に達成動機を強めるには，原因を課題の難易度より，取り組んだ人の要因に求めることが好ましい。しかし，そこで能力不足に注目してしまうと，やっても無理というように目標に対して後向きになることをする。もう少し努力すれば目標に近づけるという前向きな姿勢をもつようにするためには，失敗の原因を能力不足に帰属するでなく，努力不足に帰属することで，達成動機を高める，つまりやる気を出すことができる。

d．自己効力感

　何かに取り組んでみようとしたとき，その行動により結果を出せるであろうという随伴性の期待を「結果予期」といい，その人自身が実際にその行動を起こすことができるだろうという期待を「効力予期」という。バンデューラは，何かを学ぶときに自らの能力について確信をもち，自分はできるという感覚を自己効力感とよんでいる。

　自己効力感は，動機づけを向上や行動変容に役立つとし，①達成体験（実際に行動を経験し，達成感を得る），②代理的経験（他人の行動を観察し，でき

そうだという感覚をもつ），③言語的説得（ことばで励ましたり，自分にできると言い聞かせたりする），④情動的喚起（緊張感や落胆はやる気を失うので，気持ちを落ち着かせる）——が源泉であるとする。

（2）賞罰の効果

　自分から勉強をしようとしない動機づけが低い子どもに，その親がご褒美と引き換えに勉強をさせようとすることは少なくない。一例を挙げれば，「テストの点数がよかったらゲームを買ってあげる」という場合がこれにあたる。報酬は学習を促進する強力な要因であり，報酬を用いて外発的動機づけを高めることは学習活動を活性化させるうえで一定の効果をもつと考えられている。

　しかし，学習に対する内発的動機づけの高い子どもに対し，学習の成果に外的な報酬を与える，と内発的動機づけが低下してしまうことになりかねない。レッパーらは幼稚園児を対象とした実験で，自分から進んで「お絵描き」をしていた園児たちをグループに分け，一方には報酬を与え，他方には与えずに観察をした。すると報酬を与えられたグループの園児は，自発的にお絵描きをする時間が短くなった。このように過剰な報酬によって内発的動機づけが低下するという現象をアンダー・マイニング効果（過剰正当化効果）という。

　では，理想的なかかわりとはどのようなものであろうか。ハーロックは，子どもたちに加算作業を実施し，①作業の成績や努力には関係なくほめられる称賛組，②成績に関係なく叱られる叱責組，③成績についてほめられも叱られもしない無視組，④同じ作業をするが別の場所で行う統制組に分けて，それぞれの成績の変化をみた（図6-2）。この実験から，無視されること

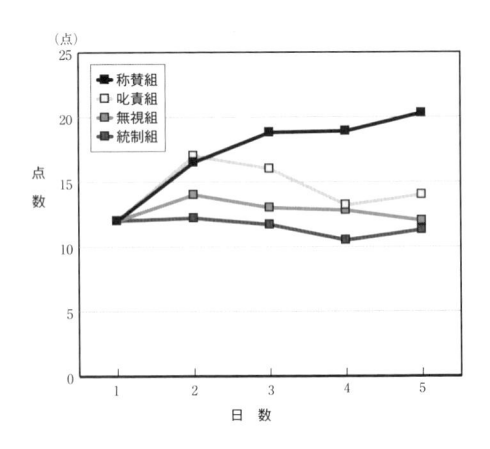

図6-2　作業効率の向上実験結果
（ハーロックによる）

が何よりも学習への動機づけを弱くすることがわかる。叱ることは一時的に動機づけを強める効果をもつが，それが続くとかえって動機づけに悪い影響を与え，学習の効果が上がらなくなってしまう。効果が出るまでの時間はかかるが，他のいずれよりも効果が認められたのは，ほめることであった。ほめることが，何よりも学習への動機づけを強めるといえる。

(3) 教師のかかわり

学校のクラスには，クラスごとに特徴があり，その特徴に担任教師の個性が反映されている場合もある。教師は自分が気づかないうちに児童生徒にさまざまな面で影響をおよぼしている存在である。学校現場における教師の期待が，児童生徒の成績に影響を与えることを実験的に証明したローゼンタールは，ギリシャ神話に登場するピグマリオン王の話になぞらえて，これをピグマリオン効果（教師期待効果）とよんだ。

教育場面において教師には，自らが期待している児童生徒に対し，わからないときにヒントを与えたり，説明方法を変えたり，回答するまで待ったりと積極的にかかわる行動がみられたという。学習を効果的に進めるためには，教師は生徒に対し，期待をもってかかわることが重要であろう。

一方で，児童生徒のひとつの行動だけをみて，それを全体的な評価にまで広げてしまうことがある。たとえば，成績のよい児童生徒については，性格面でも日常生活においてもすべてを肯定的に評価し，反対に，成績の悪い児童生徒については，すべての面で問題があるかのようにとらえてしまいがちになる。これを，ハロー効果（光背効果）という。そのため，教師は児童生徒を多面的かつ縦断的にとらえようとする姿勢を忘れてはならない。

【参考文献】
北尾倫彦・杉村健・梶田正巳　教育心理学 新版　有斐閣新書　1991
工藤俊郎・高井直美・上田恵津子・菅原康二　基礎から学ぶ教育心理学　八千代出版　2004
伊藤崇達（編）　やる気を育む心理学 改訂版　北樹出版　2007
中澤潤（編）　よくわかる教育心理学　ミネルヴァ書房　2008
藤田主一・齋藤雅英・宇部弘子（編著）　新 発達と教育の心理学　福村出版　2013

名将の共通点

　どのスポーツ競技にも「名将」とよばれる指導者がいる。「名将」とよばれる指導者の自伝書やコラムに目を向けてみると，共通する3つのキーワードが見えてくる。
①哲学を持っていること：名将といわれる指導者は，自分の「哲学＝スタイル」をもっている。そのスタイルは，単なる思いつきだけではなく，緻密な研究や分析から成り立っている。名将は，自分の考えをもち，その実現に向けて仕事を進め，真実を自分自身で探求し続けている。また，共通のスタイルには2つの側面がある。ひとつ目はスポーツ文化の創造や発展を追い求めること，2つ目は選手一人ひとりの人間的な成長を追い求めていることである。名将にはひとりの人間としての生き方，一言でいうならば人間力が求められている。
②選手を理解すること：年代のカテゴリーによる違いはあるが，指導者は選手を育成すること，またはプロ組織のなかで戦略・戦術を実行する組織デザインや，実行に向けた組織的コミュニケーションが重要になる。そこでは選手の声に耳を傾けることや，コミュニケーション能力が求められる。チームは，試合に出ることのできるメンバーだけで構成されているわけではない。選手一人ひとりと向き合いプレーの特徴や人間性を理解し，時には生活課題までも引き受ける視野が必要で，そこから選手との信頼関係が築かれる。名将には十分な観察力と分析力，判断力，決断力が求められる。
③常に新しいことを創造すること：名監督の一人，元日本代表監督のイビチャ・オシムは，世界中のサッカーの映像を研究・分析している。それだけではなく，宗教，哲学や社会の流れにまで細かく目を向けている。また，自分の考えを客観視するため，アイディアを得るため，さらには指導法を確立していくためにも，他の指導者（競技が違う場合もある）やコーチと議論をしている。名将には，情報収集力や先を「みる」力が求められる。名将の共通点は，教育心理学者である勝田守一のことばを借りると，「魂において頑固であり，心において柔軟，精神において活発であること」とまとめることができるのではないだろうか。名将になるためには，日々の生活の中から感覚を研ぎ澄まし，「ものの見方，感じ方，考え方」を鍛えるさまざまな経験をすること，それを研究・分析するための理論を学ぶことが必要となろう。

（續木智彦）

第7章

パーソナリティの理解

1．パーソナリティの考え方

（1）パーソナリティの定義

　パーソナリティの語源は，演劇で使用された仮面を表すラテン語のペルソナからきている。それが転じて特徴をもった人を表すようになった。パーソナリティと似たことばで「性格」と「人格」がある。性格は，キャラクターの訳語であり，刻み込まれたものという意味がある。そのため固定的な個人の特徴を表すことばであることがうかがわれる。人格はパーソナリティの訳語であるが，人格には道徳的な意味が含まれるため，最近ではカタカナでパーソナリティと表記するようになった。したがって，パーソナリティには興味や価値観，態度，知能などを含めたニュアンスで使われることがある。

　ここでは，パーソナリティをオルポートの定義にしたがって，「個人のうちにあって，その個人に特徴的な行動や思考を決定する精神身体的体系の力動的組織である」として取り扱うこととする。

（2）パーソナリティの層構造

　図7－1は，パーソナリティの層構造を表したものである。人のパ

図7－1　パーソナリティの層構造
(筆者による作成)

ーソナリティはこの図のように層構造で考えることができる。人は身体を基盤として存在していることから，最も中心に位置するのが体質であり，その外側に気質が存在している。これは素質の影響が大きい部分である。

気質のまわりにある気性は，幼児期に形成されるものであり，次の習慣的パーソナリティは，友人関係などで形づくられていく。そして，最も表面にあるのが役割的パーソナリティである。これは個人が担う役割にしたがい，その役割らしく行動するというものである。

このように考えると，中心ほど生物学的・遺伝的な影響を受けやすく，外側ほど社会的・環境的な影響を受けやすいといえる。

2．パーソナリティの形成

（1）生物学的要因

生物学的要因は遺伝によって規定される部分が多いため，生理的要因や遺伝的要因ともいわれる。この遺伝の影響を調べる有力な方法に双生児研究がある。双生児には一卵性双生児と二卵性双生児とがあり，2人の遺伝子組織が等しく同性である一卵性双生児は，ただ1つの受精卵から発生する。一方，2人の遺伝子組織が普通のきょうだいと同じである二卵性双生児は，2つの卵子が別々に2つの精子と受精して発生する。ある特徴について，一卵性双生児で2人の違いが小さく，二卵性双生児では違いが大きい場合，その特徴は遺伝しやすいということを示している。また，一卵性双生児で生後2人が別々の環境に育てられたケースにおいて，養育環境が異なるにもかかわらず共通する特徴がみられる場合，その特徴は遺伝しやすいということを示している。双生児研究により，身体的特徴や生理的特徴が遺伝しやすいことが確認されている。つまり，顔立ちや身長，体重，運動能力，特定の病気へのかかりやすさなどの特徴が遺伝の影響を受けやすいということである。加えて，活動性や感受性，知的能力についても一卵性双生児のほうが，二卵性双生児よりも一致度が高いと考えられている。

また，パーソナリティは自律神経系の働きやホルモンの分泌により影響を受

ける。内臓器官の働きと関連している自律神経系では，個人の疲れやすさや生体リズムと関係があるといわれている。そしてセロトニンやドーパミンなでのホルモンの働きとパーソナリティとが関連していることも明らかとなってきている。

さらに，トーマスらは気質を「人間の早期に出現する体質に根ざした行動傾向で，外界に働きかけようとする際の行動パターン」とし，乳児期の赤ちゃんに生まれながらに気質に差がみられることを示している。彼らは，140人以上の生後2,3ヶ月の赤ちゃんを詳しく観察し，9つの気質を見出して3つのタイプに分類している（第2章参照）。パーソナリティはこのような気質をベースにして，その後の環境との相互作用のなかで形成されていく。

（2）環境的要因

それでは，パーソナリティの形成にかかわる環境的要因にはどのようなものがあるだろうか。**表7-1**は環境的要因の例をまとめたものである。これら，家庭内の要因である家族構成や保護者の年齢などや，家庭外の要因である学校や社会の状況などがパーソナリティの形成に深くかかわってくる。

次に，環境的要因のなかでもとくに親の養育態度とパーソナリティとの関係について述べる。**図7-2**は親の養育態度とパーソナリティについて示したものである。サイモンズは，図のように親の養育態度を「支配」と「服従」の次元と「保護」と「拒否」の2つの次元で表し，「無視型」「残忍型」「溺愛型」「甘やかし型」を加えた合計8つの型に分類した。そしてそれぞ

表7-1　パーソナリティ形成におよぼす環境的要因

要因	内容
家庭内	○家族構成 ・家族の人数や家族形態 ・出生順位やきょうだいの人数，年齢差 ○家庭の状況 ・保護者の年齢，収入，職業 ・家庭内の雰囲気や夫婦関係 ・養育態度
家庭外	○友達・学校 ・友達の人数や遊び時間や内容 ・学校の方針や教師との関係 ○文化・社会の状況 ・その国や地域の文化や生活習慣 ・法律や政治，経済，地理，歴史

れの養育態度のもとに育つことで形成される子どものパーソナリティを示している。同じ家庭で育ったからといって、同じパーソナリティになるとは限らない。たとえば、兄と弟の2人きょうだいだった場合、養育態度に加えて兄らしい、弟らしいパーソナリティがつくられると考えられる。

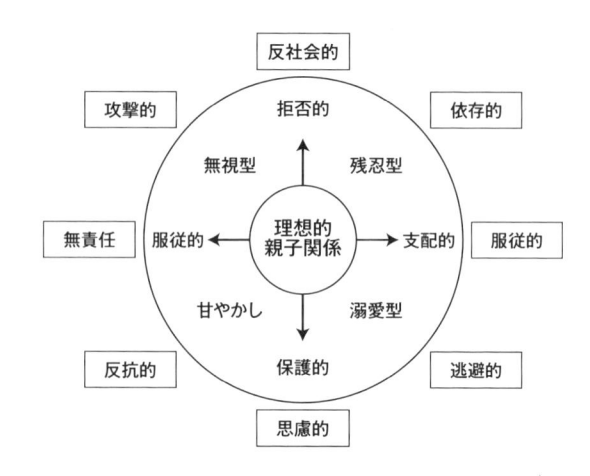

図7－2　サイモンズの親の養育態度とパーソナリティ

3．パーソナリティの理論

(1) 類型論

さまざまな人たちをみていると、そのなかに共通性があることに気づく。その共通性や一定の基準にしたがって、人をいくつかのタイプに分けることができる。このタイプ分けをパーソナリティの類型論という。ギリシャ語のティポスを語源とする類型とは、「一定種類に属する多数の個別形式を包摂する形式であり、ある特徴を共通にしている一群の事象について、その特徴を描き出して作った型」のことである。ここでは、代表的な類型論を取り上げて説明する。

a．クレッチマーの類型論

クレッチマーは、勤務していた病院で体型と精神疾患との関係について研究を進めた。そして、その結果をまとめたものが体型とパーソナリティに関するクレッチマーの気質理論である。体型は4つ見つかったが、そのうちの肥満型、細長型、筋骨型の3つについて特徴を見出した。体型と精神疾患との関連を調べた結果、躁うつ病には肥満型が多く、統合失調症には細長型が、てんかんには筋骨型が多くみられた（図7－3）。そしてまとめられたのが表7－2に示

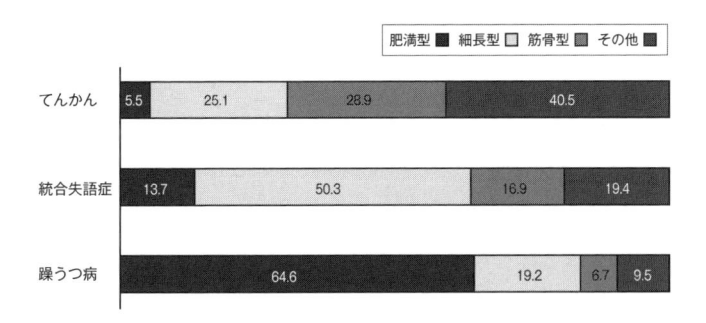

図7-3 精神疾患と体型（クレッチマーによる）

	肥満型	細長型	筋骨型	その他
てんかん	5.5	25.1	28.9	40.5
統合失語症	13.7	50.3	16.9	19.4
躁うつ病	64.6	19.2	6.7	9.5

表7-2 クレッチマーの類型

体型	気質	特徴		
肥満型	躁うつ気質	基本的特徴	軽躁性	抑うつ性
		社交的・親切	明朗, 活発・ユーモアがある	静か・落ち着いている
細長型	分裂気質	基本的特徴	敏感性	鈍感性
		非社交的・用心深い	敏感, 臆病・恥ずかしがり屋	鈍感, 従順・お人よし
筋骨型	粘着気質	基本的特徴	粘着性	爆発性
		かたい・几帳面	丁寧すぎる・まわりくどい	興奮すると夢中になる

表7-3 シェルドンの身体計測的類型論

体型	特徴	困ったときに求めるもの
内胚葉型	社交的, 会食好き, 反応が鈍い	人
外胚葉型	非社交的, 人間嫌い, 心配性	孤独
中胚葉型	精力的, 冒険好き, 支配的	活動

したクレッチマーの類型である。

b．シェルドンの類型論

　シェルドンの類型論は身体計測的類型論ともいわれる。彼は，クレッチマーによる体型の分類が精神疾患に基づいていることなどを批判し，一般学生を対

象に身体計測を行い統計的に体型を3つに分類した（表7－3）。胎生期の胚葉発達においてどの部位に特徴があるかにより，類型に名前をつけている。結果としては，内胚葉型が肥満型，外胚葉型が細長型，中胚葉型が筋骨型というようにクレッチマーの類型と一致するようなものとなった。

c．シュプランガーの類型論

シュプランガーは，類型の基準を生活形式に求めた。彼は，その人が基本的な生活領域の中から，どこの領域に最も価値を置き，興味をもっているかによってパーソナリティを6つの類型に分類した。6つの類型は，①理論型：ものごとを客観的に扱い，真理を追究する人，②経済型：ものごとを経済的・功利的な視点からみる人，③審美型：芸術的な美に最高の価値をおく人，④権力型：他人を支配し，権力を求める政治的な人，⑤宗教型：神への奉仕に価値をおき，宗教的信仰に生きる人，⑥社会型：愛他的に行動し，福祉活動に生きがいを感じる人である。人の価値観は多様であるため，どのタイプに分類できるか難しい場合もあるが，生き方にかかわる内容を基に分類す点に特徴がある。

d．ユングの類型論

こころのエネルギーが向かう方向によってパーソナリティを外向型と内向型に分類したのがユングである。外向型は外界の刺激に影響を受けやすく，内向型は自己に関心が向きやすい。表7－4にその特徴を示した。一般的には子どものころや青年期以降は外向的で，思春期前後は内向的になるといった年齢的な変化がみられる。

表7－4　ユングの類型論

側面	感　情	意　志	思　想	社　会
外向	陽気で心配することが少ない	新しい状況に対する適応が早い	他人のよい考えを抵抗なく受け入れる	交際の範囲が広い
内向	内気で心配しがち	新しい状況に対する適応には時間がかかる	自分の考えに固執して細かなことにこだわる	交際の範囲は狭い

（2）特性論

　少数のタイプに当てはめる類型論では，多様なパーソナリティに当てはめるには無理が出てくるであろう。そのため，1つや2つの視点ではなく，数多くの視点から人をとらえる理論が考えられた。この複数の視点である特性の集合体がパーソナリティであるとし，特性の相互関係から説明する立場が特性論である。ここで問題になるのは，特性をいくつ選ぶかということである。この問題を解決する方法のひとつが因子分析である。この方法により，パーソナリティを表す多くの特性をグループ化し，比較的少数の因子にまとめることができる。因子分析という方法によって特性論は発展することとなった。

a．オルポートの特性論

　オルポートは，特性は共通特性と個人特性に分けられると考えた。共通特性は，同じ文化圏に所属する多くの人に共通してみられる特性のことであり，個人特性は，ある個人に特有の特徴を与える特性のことである。また，オルポートは共通特性を，目標に向かって行動するときに現れる表出特性と，環境に適応しようとするときに示される態度特性に分けた。さらに，パーソナリティの総合的にとらえ，比較できるようにするために図7－4のような心誌（サイコグラフ）を作りだした。

b．キャッテルの特性論

　キャッテルはパーソナリティの特性を，表面特性と，その背後にある源泉特性とに分けた。また，オルポートらが辞書から抽出したパーソナリティ特性に関する17,953語を4,505語にしぼり，因子分析によって16の因子を抽出した。

心理生物的基礎								共通特性														
身体的状況			知能		気質		表出特性			態度特性									
									対自己		対他者			対価値			
均整	健康	活力	抽象高	機械高	情緒広	情緒強	支配	拡張	持続	外向	客観	自信	群居	利他	機転	理論	経済	審美	政治	宗教
不整	不良	小	低	低	狭	弱	服従	隠遁	動揺	内向	欺瞞	喪失	独居	利己	非常識	非理論	非経済	非審美	非政治	非宗教

図7－4　オルポートの心誌

表7-5に示した16対の根源特性に基づいて作成されたのが，キャッテルの16パーソナリティ因子質問紙である。

c．アイゼンクの特性論

アイゼンクは，図7-5のとおり，パーソナリティの階層的構造を想定した。最も下の層には日常場面における個々の行動である特殊的反応のレベルがあり，その上に，さまざまな状況下で繰り返し現れる行動である習慣的反応がある。そしてその上は，異なった複数の習慣が集まった特性のレベルとなり，さらにその上にはいくつかの特性との関連性が高い類型という4つの層を考えた。さらに，アイゼンクはパーソナリティの基本的な因子として「外向－内向」「神経症的傾向」「精神病的傾向」の3つの類型を想定した。このように，アイゼンクの考え方は類型論と特性論をつなぐような統合理論であると考えられる。

表7-5　キャッテルの表面特性と16根源特性

	表面特性（根源特性の左側）	源泉特性
1	ほがらか，社交的	感情性－分離性
2	聡明，思慮深い，教養のある	高い知能－低い知能
3	感情的に平静，着実，現実的	高い自我強度－低い自我強度
4	活気がある，自信のある，自己主張的	支配性－服従性
5	エネルギッシュ，陽気，ユーモラス	高潮性－退潮性
6	責任感がある，良心的，勤勉	高い超自我－低い超自我
7	冒険的，前進的，敵意のない	冒険性－臆病性
8	気むずかしい，直感的，敏感な	繊細性－堅牢性
9	疑り深い，やきもちやき	懐疑性－信頼性
10	風変わりな，美的に選り好みをする	浪漫性－現実性
11	世才にたけている，うまく動く	巧妙性－率直性
12	気づかいをする，おだやかでない	罪悪感－明朗性
13	何にでもトライする，改革的	急進性－保守性
14	依存的な弱さがない，一人でも平気	自己充足性－集団依存性
15	行きあたりばったりでない，よく統制されている	高い自己統合性－低い自己統合性
16	リラックスしていない，緊張している	エルグ緊張－エルグ弛緩

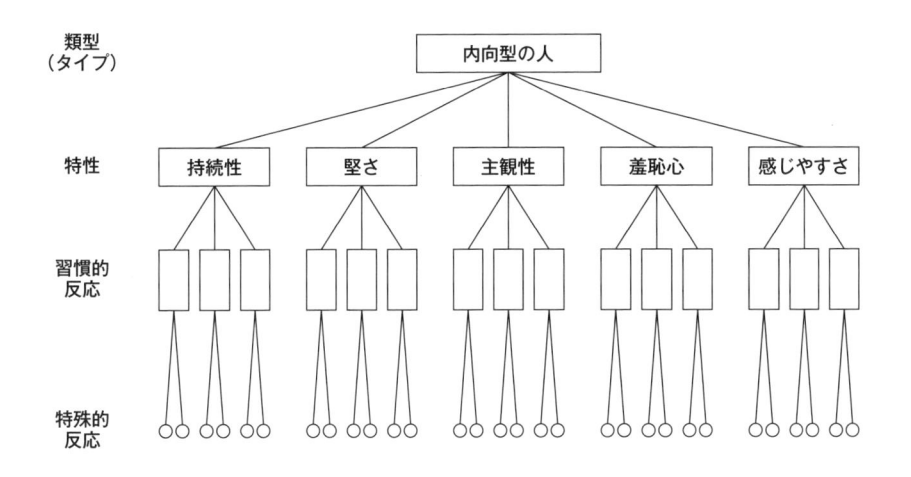

図7-5　内向型の階層構造（アイゼンクによる）

d．5因子説

　上記のとおり，パーソナリティについてキャッテルは16の因子を考え，アイゼンクは3つの因子を想定している。しかし，ゴールドバーグは多くの研究を統合した結果，パーソナリティは5つの因子で記述できるとした。これをビッグファイブとよんでいる。5つの因子は，対人関係などに積極性を示す外向性，優しさや共感性にかかわる調和性，慎重さや責任感にかかわる誠実性，心配や不安などの情動にかかわる神経症傾向，知的関心による経験への開放性が想定されている。ビッグファイブは実証研究により，文化を越えた普遍性や遺伝との関連性も指摘されている。

e．クロニンジャーの理論

　クロニンジャーは，パーソナリティと神経伝達物質との関連を理論化している。図7-6のとおり，この理論はパーソナリティの下に，遺伝との関連性が強い気質4次元と，発達段階で獲得する性格3次元を想定している。気質の特徴を表7-6に示したが，新奇性追求，損害回避がそれぞれ神経伝達物質のドーパミン，セロトニン受容体遺伝子との関連を指摘した研究なども提出されている。

（3）精神分析学の理論

　フロイトの精神分析学は，パーソナリティ研究に大きな影響を与えた。図7－7は，フロイトが考えた心の構造である。彼は心を3つの領域に分けた。それは，快楽原則にしたがう生きる原動力であるエス，現実原則にしたがう自我，規範や道徳にしたがう超自我の3つである。たとえるならば，エスがエンジンで自我がドライバー，超自我が交通ルールとでもいえよう。この3つが力動的に関連することで行動が決定されるが，認められない欲求は意識下に抑圧される。フロイトは，この欲求により神経症症状を説明している。また，発達段階

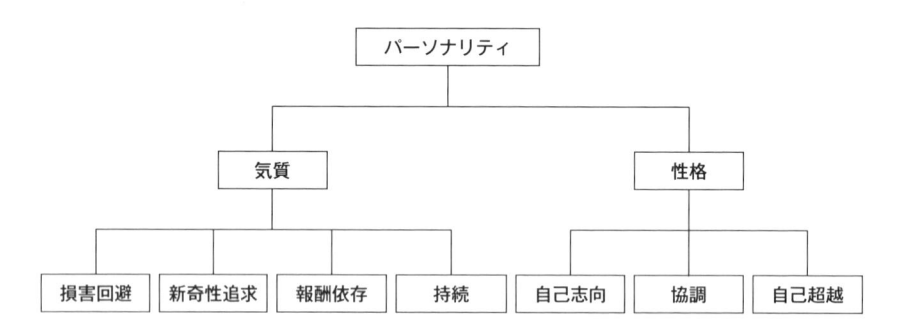

図7－6　パーソナリティにおける気質および性格との関連性
（木島をもとに作成）

表7－6　クロニンジャー理論における気質

気質	神経伝達物質	特徴 高い	特徴 低い
新奇性探究	ドーパミン	新しいもの好き	頑固
損害回避	セロトニン	内向的	外向的
報酬依存	ノルエプネフリン	共感的	孤立
固執	不明	完全主義	適当

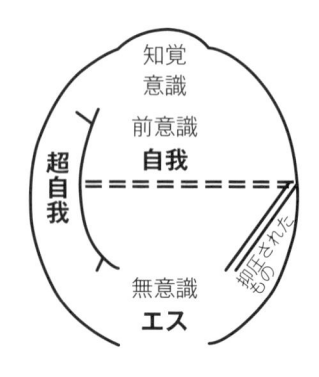

図7－7　フロイトによるこころの構造

とパーソナリティに関しても説明しており，通常は各発達段階の欲求が充足されて次の段階へと進むが，その欲求が充足されなかったり，過度に充足されなかったりするとパーソナリティに影響が生じるとした。

【参考文献】
本郷一夫・八木成和（編著）　シードブック教育心理学　建帛社　2008
藤田主一・楠本恭久（編著）　教職をめざす人のための教育心理学　福村出版　2008
詫摩武俊・瀧本孝雄・鈴木乙史・松井豊　性格心理学への招待　サイエンス社　1990
丹野義彦　性格の心理　サイエンス社　2003

対戦における相性

　著者は小学校4年生から剣道をはじめ，以来40数年間続けてきた。これまで二度ほど挫折しかけたこともあるが，現在はその「止めよう」と思った剣道を教えることを職業としているのだから，人生とは不思議なものである。
　剣道はおおよそ2～3メートル以内の至近距離で相手の構え（身構え・心構え）の隙を見つけたり，隙をつくったりしながら攻防を展開する競技である。しかも打突のスピードは速く，瞬時にして勝敗が決することが多い。したがって自己の身体的能力を高めることはもちろんのこと，常に相手を想定した稽古が不可欠となってくる。
　剣道は柔道やレスリングのように階級が分かれていないため，自分よりも身長の高い相手や低い相手と戦うことが常であり，相手によって試合の組み立てや内容が異なる。当然のことながら戦いやすい相手と戦いにくい相手が存在するわけである。
　剣道は小さな子どもからお年寄りまで行うことができるのがひとつの特性でもあるが，年齢や技術レベル（段位）によってその目的も異なり，変化していくものである。たとえば大学生あたりまでは試合に勝つことが主な目的であり，身体的特性や運動能力（スピード・パワー），タイミングなどが勝敗を左右する場合が多く，あらかじめ想定した相手の動作に対するパターン練習が多く取り入れられる。したがって自分が練習しているパターンにはまってくれる相手が相性のよい相手ということになる。
　大学を卒業し社会人になると，その目的は試合だけではなく昇段に向けられていく。つまり練習から修行の過程に進んでいくのであるが，ここからは精神的要素の占める割合が多くなり，「驚懼疑惑」を捨て去り「平常心」を保つことが実現できるか否かが重要となる。試合場面に置き換えてみると，いかに相手が変わっても自分の心が変化することがなく，ふだん行っている稽古の内容が実現できれば相手を支配したこととなり，勝ちを収める確率が高くなってくる。したがって気の張り合いで優位に立てる相手や合気になれる相手は相性がよく，その逆は相性が悪いということになる。このような複雑な要素を含む剣道であるからこそ年を重ねるごとにその目的は変化し，常に理想の一本を追い続ける深みにはまってしまう。それが40数年も経過してしまった原因であろう。しかしこの挑戦はまだ続くものと思われる。

　　　　　　　　　　　　　　　　　　　　　　　　　　　　　　（八木沢　誠）

第8章

知能と学力の理解

1．知能とは

　世の中には「頭がよい」と評価される人たちがいる。その人たちは，あっという間に複雑な計算を正確に行うことができたり，短時間で新しい知識・技術を身につけたり，誰も考えつかなかったようなアイデアを思いついたりと，普通の人たちより優れた知的能力を発揮する。

　頭がよいということはどういうことなのだろうか。頭のよさは生まれつきなのか，それとも生まれた後の経験や訓練によって獲得されるものなのだろうか。知的能力を客観的に示すことはできるのだろうか。人間の知的能力に関する研究は，このような疑問に対する答えを求めて進められてきた。また，もうひとつの流れとして，個々人がそれぞれの知的能力に適した教育が受けられるように，知的能力の実用的測定法として，知能検査の開発が行われた。

　アメリカの心理学者であるウェクスラーは，知能とは目的をもって行動し，合理的に考え，効果的に環境に対処できる総合的な能力であると全体的な視点から定義しているが，知能という用語はさまざまな研究者によって異なる意味に用いられている。アメリカの心理学者であるターマンやサーストン，イギリスの心理学者であるスピアマンやバートは抽象的思考能力を重視する立場で知能をとらえ，判断力や思考力といった認知能力が知能であると考えた。また，アメリカの心理学者ディアボーンは，新たな知識や技能を修得する学習能力が知能であると考えた。さらに，ドイツの心理学者であるシュテルンや，アメリカの心理学者ピントナーは，新しい場面に適応する力を知能と考えた。大別すると，知能とは①抽象的思考能力，②学習能力，③環境への適応能力であると

するそれぞれのとらえ方がある。このことから，知能はいくつかの側面をもち，一元的にとらえることが難しいものであることがわかる。知能の基本的な要因を明らかにするため，その構造を探る研究が行われてきた。

（1）知能の構造

　知能がどのような構成要素から成り立っているのかという知能の構造についての研究は，因子分析技法の開発により発展した。因子分析とは，多数の測定値から，それら測定値に共通して影響をおよぼす因子とよばれる変数を抽出する統計的手法である。因子分析について単純化した例を挙げて説明しよう。たとえば，指示された図形を選択肢の中から探してもらうテストや，2つのことばの共通性を答えてもらうテストなど，知能にかかわると考えられる一連のテストを多くの人に実施すると，各個人ごとに各テストの結果（測定値）が得られる。今回は4つのテスト（テスト1～4）を多くの人に実施し，その測定値を得たとしよう。測定値そのものからは，各テストがどのような結果であったかということしかわからないが，各テスト間で測定値を比較すると，テスト1の成績がよい人はテスト2の成績もよいなどといった関連（相関）を見出すことができる。このように，2つのテスト間で相関が高いということは，2つのテストには共通した要素（因子）が存在すると考えることができる。

　表8-1のような各テスト間の相関係数が得られたとしよう。共通する因子に影響を受けていると考えられるテストの組み合わせはどれか考えてみてほしい。テスト1とテスト2の相関が高く，また，テスト3とテスト4の相関が高いことから，テスト1，2は共通の因子に，また，テスト3，4は，テスト1，

表8-1　テスト間の相関係数

	テスト1	テスト2	テスト3	テスト4
テスト1	―	0.85	0.15	0.12
テスト2		―	0.10	0.07
テスト3			―	0.80
テスト4				―

2とは異なる共通の因子に影響を受けていることがわかる。このように，多数のテストをまとめる少数の因子を抽出することができれば，知能の最小構成要素を明らかにすることができる。この因子分析を活用し，知能の構成因子を探る研究はスピアマンによってはじめられ，その後，知能の構造についていくつかの説が提唱された。代表的な説について紹介しよう。

a．二因子説

スピアマンはすべての知的活動に共通してかかわる一般知能因子（g因子）と，ある個別の知的活動にのみ独立してかかわる特殊知能因子（s因子）の2つ因子によって知能が成り立っていると考えた（図8－1）。高い相関ではないが，すべての知能を測定するテスト間に正の相関がみられるのはg因子の存在によるものであるとした。またスピアマンは，g因子は遺伝的に決まっている知能であり，s因子は特殊な経験・学習といった環境によって決まる知能であると考えた。

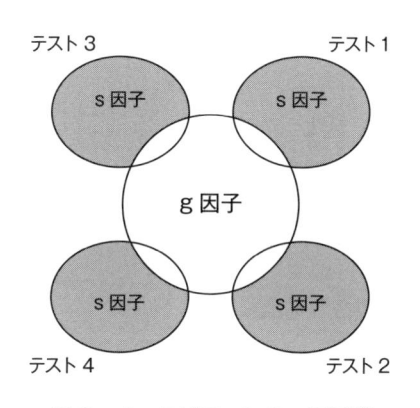

図8－1　スピアマンの二因子説

b．多因子説

スピアマンの二因子説に対して，サーストンは，すべての知的活動に共通して作用するg因子が存在することを仮定せず，知能は7つの基本的知能因子で構成されると考えた（図8－2）。スピアマンの二因子説に比べ，知能を構成する因子数は増えるが，すべての知的活動に共通するg因子を仮定しないため，より単純な構

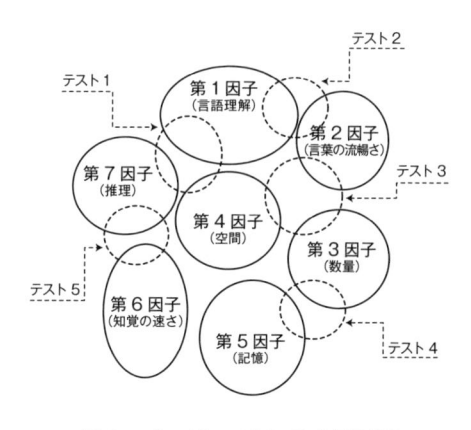

図8－2　サーストンの多因子説

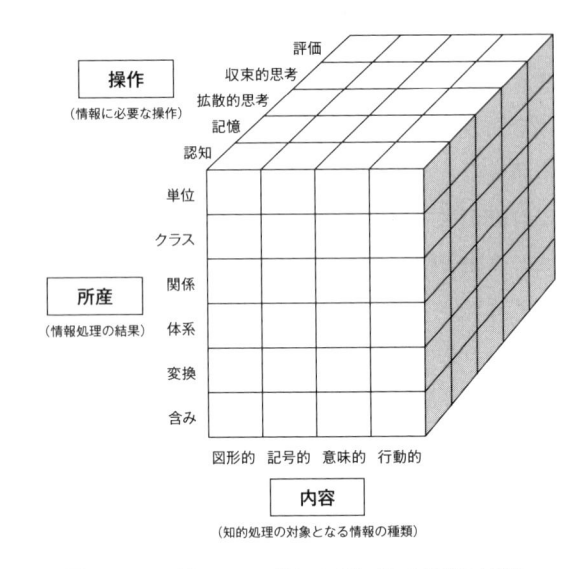

造で知能を説明することができる。このようにg因子の存在を仮定しない立場の多因子説であるが，これら7因子は互いに正の相関があり，この7因子が全体としてg因子の働きをしていると考えることができる。現在用いられている診断的集団式知能検査（知能検査の節を参照）の多くは，このサーストンの多因子説に基づいて作成されている。

図8−3　ギルフォードによる知性の構造モデル

c．知性の構造モデル

　サーストンの多因子説は知能を構成する7因子を示したが，それら因子間の関連は説明していなかった。アメリカの心理学者であるギルフォードは，サーストンの多因子説を発展させ，3つの次元からなる知性の構造モデル（図8−3）を提案し，知能を体系的に説明しようとした。各次元について，内容は4種類，操作は5種類，所産は6種類に分けられ，ギルフォードはこれらを組合せた120の知能因子が存在すると仮定した。実際にはすべての知能因子の存在が確認されているわけではないが，知能の構造を体系的に説明しようとするモデルの代表的なものである。

d．流動性知能と結晶性知能

　アメリカの心理学者であるキャッテルは，多因子によって構成される知能の構造は，流動性知能と結晶性知能という2つの因子にまとめることができるとした。流動性知能とは，脳の発達に関係していると考えられる知能で，新しい状況へ適応する際に必要とされる能力である。具体的には，記憶，推理，計算

など，速く正確に情報処理ができるかどうかという知的能力であり，学習の影響を受けにくく，年齢的には10代の後半から20代の前半に能力のピークが現れ，その後の加齢にともない能力が著しく衰退する。それに対し結晶性知能は，過去の学習経験が積み重なって得られた判断力や習慣に基づく知能である。結晶性知能は学習の影響を受け，流動性知能に比べ年齢的に能力のピークが現れる時期が遅く，加齢による衰退は緩やかである。

以上の各説から，知能は多くの要素から成り立っていることや，現在までの研究においては知能とよばれるものが人間の知的能力すべてを包括するまでには至っていないこと，さらに，知能には生得的・遺伝的と考えられる要素と，学習や経験といった生まれた後の環境に影響を受ける要素があると考えられていることがわかる。

2．知能検査

知能検査とは，知能を科学的・客観的に測定するために作成された検査のことである。現在わが国では，小学校への入学前年度に行われる就学時健康診断において，すべての子どもが知能検査を受ける機会を持つ。この知能検査は，普通学級での教育環境に適応できるか，特別な支援が必要であるかを判断するために行われる。フランスの心理学者ビネーが医師のシモンの協力を得て作成した，はじめての実用的知能検査であるビネー・シモン式知能検査（表8－2）の開発目的も，知的遅れのある子どもたちを早期に発見して，特別支援を受けられるようにするためであった。学校・教育場面において知能検査を行う目的は，学習者の知的潜在能力を知り，個々の学習者に対して適切な援助を行うた

表8－2　ビネー・シモン式知能検査（1905年法）問題の例

- 身体の部分の名前や見慣れた物体の名前を言う。
- 30秒間ある絵を見せて，子どもが絵の中にあるものをどれだけ記憶しているかを調べる。
- 3つの決められたことばを使って1つのまとまった文章を作る。

めであるという,被検査者の利益を考えたものであることを忘れてはならない。

（1）知能検査の分類

知能検査は，測定対象となる知能，検査内容または方法，一度に検査可能な被検査者の人数の3つの要素で大まかに分類することができる。

a．概観的検査と診断的検査

一般知能（知能の全体像，いわゆるg因子）を測定する検査を概観的検査といい，知能因子別（s因子別）の測定を行う検査を診断的検査という。概観的検査としてはビネー式知能検査が，診断的検査としてはウェクスラー式知能検査が代表例として挙げられる。

b．A式（α式）とB式（β式）

言語理解に関する課題や質問に対してことばでの説明を求めるような言語性の検査をA式またはα式といい，絵を描く，迷路をたどる，数を扱うといった課題を行う動作性（非言語性）の検査をB式またはβ式という（図8－4）。現在，知能検査の多くはA式とB式の両方の特徴を持っており，A式のみの知能検査は言語発達診断の検査を除くとほとんどない。B式の知能検査としては，田中B式知能検査やグッドイナフ人物画知能検査が挙げられる。

c．個別式と集団式

検査者と被検査者が1対1で行うものを個別式，多くの被検査者に対して同時に実施可能なものを集団式という。個別式は，検査者と被検査者が1対1で行うため，数多くの被検査者がいる場合には，検査に膨大な時間がかかることになる。また，内容や手続きの複雑さゆえに，検査者は検査内容や実施方法に

A式	B式
・「かたい」の反対のことばは？ ・イヌとネコはどんな点が似ていますか？	（積み木の数を数える）

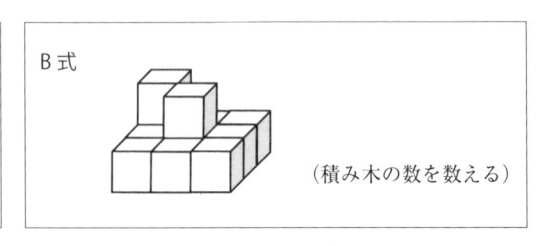

図8－4　A式およびB式知能検査のイメージ

ついて習熟していることが求められる。決して効率的ではない個別式であるが，集団式に比べて複雑な課題を行うことが可能であり，信頼性の高い情報を得やすいという利点がある。それに対して集団式は，検査の実施手続きが容易であり，多数の被検査者に対して同時に実施することが可能であるが，得られる情報に制約があり，また正確な検査時間を徹底することの難しさやカンニングの問題など，検査実施上の問題に留意しなければならない。被検査者の人数が多い場合，まず集団式を実施して大まかに知能の水準を調べ，より詳細な検討が必要であると判断された少数の被検査者に対して個別式を用いるのが一般的である。個別式検査には前述のビネー式知能検査とウェクスラー式知能検査があり，集団式には前述の田中B式知能検査や，京大NX知能検査などがある。

（2）代表的な知能検査（ビネー式とウェクスラー式）

　ここでは代表的な知能検査であるビネー式知能検査とウェクスラー式知能検査について紹介する。両検査とも個別式知能検査であり，A式・B式の混合式であるが，対象年齢や測定する知能が異なる。

a．ビネー式知能検査

　世界ではじめて作成された実用的知能検査であるビネー・シモン式知能検査を起源に発展したものを総合的にビネー式知能検査という。アメリカの心理学者ターマンによって改訂されスタンフォード＝ビネー知能検査へと発展し，実用的な指標としての知能指数を算出できるようになった。また，わが国では鈴木治太郎によってスタンフォード＝ビネー知能検査が日本向けに再標準化され鈴木＝ビネー式知能検査となった。その後，田中寛一が田中＝ビネー式知能検査を作成し，両検査とも改訂を重ね現在に至る。ビネー式知能検査の特徴は，一般知能を測定する概観的知能検査であるということと，一般知能についての知能指数を算出できるということである。

b．ウェクスラー式知能検査

　知能の全体像を数値化するビネー・シモン式知能検査では，個人間の差異は示すことができても，個人内にどのような知的能力がどれくらいの水準で存在するのかを示すことができなかった。これに対して，アメリカの心理学者ウェ

クスラーは，知的能力の全体像だけでなく，個人内の知的能力ごとに分析・診断を行うために，言語性検査と動作性検査の構成に分けた知能検査であるウェクスラー＝ベルヴュー知能検査を作成した。この検査を起源に発展したものを総合的にウェクスラー式知能検査とよぶ。対象年齢によってテストが分かれており，対象年齢が低い順に，WPPSI（ウィプシ：幼児用），WISC（ウィスク：児童用），WAIS（ウェイス：成人用）という名称になっている。ウェクスラー式知能検査の特徴は，知的能力ごとの知能指数と，それらをまとめた全体の知能指数を算出できることである。

（3）知能検査の結果表示

知能検査の結果表示は，各検査によって異なるが，知能指数（IQ），知能偏差値（ISS）または偏差知能指数（DIQ）のいずれかによって表される。これらの示す意味について説明する。

a．知能指数（IQ）

ビネー・シモン式知能検査は，簡単な問題から難しい問題へという順序で配列されていた。そのため，どの年齢相応の問題まで正答できたかを年齢の尺度で表し精神年齢とし，生活年齢（暦年齢）との差をとって知的能力の指標とした。ターマンは改良を加え，スタンフォード＝ビネー知能検査の結果を図8－5①の式で計算し，知能指数（IQ）を求められるようにした。精神年齢と生活年齢が同じ水準であればIQは100となる。生活年齢と比べて知的能力が高い，つまり精神年齢が高い場合にはIQは100を上回り，精神年齢が低い場合には，IQは100を下回る。この知能指数算出の考え方はビネー式知能検査以外にも用いられている。

b．知能偏差値（ISS）と偏差知能指数（DIQ）

本書1－（1）－dで述べたように，速く正確に情報処理を行うための知能は，ある年齢をピークに衰退していくが，生活年齢は生きている限り増加していく。その結果，前述のIQ計算方法では生活年齢が上昇するほどIQの示す数値が低くなってしまう。そのため成人の場合は，生活年齢をある年齢に固定して計算するなどの修正が必要になる。この問題を解決する方法のひとつが知

① IQ =（精神年齢／生活年齢）× 100
② ISS = |10 ×（被検査者の得点－同一年齢集団の平均点）／同一年齢集団の標準偏差| + 50
③ DIQ = |15 ×（被検査者の得点－同一年齢集団の平均点）／同一年齢集団の標準偏差| + 100

図8－5　IQ，ISS，DIQの計算式

能偏差値（ISS）で，図8－5②の式で求められる。この式によって，被検査者の生活年齢にかかわらず，同一年齢集団の検査得点と比較した相対的な知能の値を求めることができる。また，基本的にはISSと同様の考え方で，平均値を100とし，標準偏差についても調整したものが偏差知能指数（DIQ）である。たとえば，ウェクスラー式知能検査でのDIQは図8－5③の式で求められる。ISSまたはDIQは，現在では多くの知能検査の結果表示方法として用いられている。ビネー式知能検査も，2003年に改訂された田中ビネー知能検査Vより，DIQを算出することが可能になった。

（4）教育と知能検査結果の利用

　個人の知的能力をより正確に把握するために，知能の構造についての理論や知能検査が発展してきたが，いまだ人間の知能の全構造は明らかになってはいない。知能に影響を与える要因についても，双生児研究により，遺伝と環境の両方が影響を与えているということは示されているが，両者の関連性については不明な点も多い。そのようななかで作成されている知能検査も，現時点では人間の知能の一側面を測定しているに過ぎない。たとえば，ほとんどの知能検査では，計算能力や言語能力にかかわる知能を測定することはできるが，創造性を測定することはできない。これらのことを考慮すると，あるひとつの知能検査の結果を，被検査者の知的能力を恒常的・絶対的に示す評価ととらえてしまうことは，被検査者の利益を損なうことにもつながりかねないため，十分に留意する必要がある。

3．学力とは

　学力とは，学習によって得られたさまざまな能力のことであり，主に学校教育によって修得される能力を指す。学校教育で習得される能力は，学校教育における教育目標に方向づけられる。アメリカの心理学者であるブルームは，教育目標を，認知的目標，情緒的目標，運動技能的目標の3つに分類している。また，時代背景や社会の変化によって，求められる学力観は異なる（図8－6）。
　学習者に学力が身についたかどうかは，主に学力検査（アチーブメント・テスト）などの評価方法によって確認されるが，学習意欲などの学習過程にかかわる学力は，学力検査で直接的に測定することは困難である。そのため，学力を評価する方法の妥当性にも留意する必要がある。

---
①基礎的・基本的な知識・技能の習得
②知識・技能を活用して課題を解決するために必要な思考力・判断力・表現力等
③学習意欲

図8－6　学力の重要な要素（平成20年1月17日，中央教育審議会答申より）

（1）知能と学力の関連

　知能が高いと知的潜在能力が高いので，学力も高くなる可能性は大きい。しかし，知能が高ければ必ず高い学力を示すとは限らない。現実には，知能指数は普通であっても高い学力を示す学習者もいる。知能指数に相当する学力を示していない学習者をアンダー・アチーバー，知能指数に比べ高い学力を示している学習者をオーバー・アチーバーという。アンダー・アチーバーを含め，学業不振児は学力低下につながる要因を抱えていると考えられる。
　学業不振の要因として，①身体的要因：感覚器官の障害や運動機能障害などによって効果的に授業が受けられない，②性格的要因：情緒不安定，不安傾向が高いといった性格特徴のため集団での授業が受けられない，③家庭要因：両親の離婚・別居や家庭の雰囲気，貧困などによる学習への影響，④学校要因：

友人関係，教師との関係，学校の雰囲気などによる学習への影響といったものが考えられる。各学習者が潜在的に持つ能力を発揮できるよう，適切に対応することが求められる。

【参考文献】
藤田主一・齋藤雅英・宇部弘子（編著）　新 発達と教育の心理学　福村出版　2013
大村政男・花沢成一・佐藤誠　新訂 心理検査の理論と実際　駿河台出版社　1985
桜井茂男（編）　楽しく学べる最新教育心理学　図書文化社　2004

一流選手の知的能力

　一般的にスポーツ選手は，それほど知的能力が高いほうではないと思われている。それどころか，「スポーツ選手の脳は，筋肉でできているのではないか」という，いわゆる「筋肉バカ」のレッテルを貼られていることすらある。

　しかしながら，スポーツの遂行には体力やスキルだけではなく知的能力も必要である。なぜならば，知的能力はその場の状況を的確に判断することや，正しい選択をしてプレーを遂行するためには，欠かすことのできないものだからである。はたして，スポーツ選手の知的能力は本当に低いのであろうか。

　2012（平成24）年に，スウェーデンの研究チームが，「エリート・サッカー選手は知力も高い」という研究を発表している。この場合の知力とは，IQ（知能指数）ではなく，「認知機能」をさす。認知機能とは，五感（視る，聞く，触る，嗅ぐ，味わう）を通じて外界から入ってきた情報をもとに，ものごとや自分が置かれている状況を認識する，何かを記憶する，問題解決のために深く考えるなどといったものである。

　また，スポーツにおいて瞬時に創造性を発揮する，新たな解決策を見出す，素早く作戦を変更するといった，「ゲーム・インテリジェンス（試合における知能）」とよばれる能力もこれに含まれる。このような認知機能は，遺伝的な要素と，訓練によって強化が可能な要素の両方を含むものとされている。

　つまり，一流のスポーツ選手になるための条件としては，体力やスキルもさることながら，この認知機能がとくに重要な要素になってくるのである。一流選手のプレーを見れば，その差は明らかである。

　しかしながら，すべての一流選手が同じ認知機能をもちあわせているわけではない。それぞれその競技に必要とされる認知機能が働いているのである。

　一流選手と知的能力の研究はまだまだ発展途上の段階である。しかし今後のこの知的能力の解明が，スポーツ競技のさらなる発展に寄与することは間違いない。

（本間悠也）

第9章

欲求と適応の理解

1．適応

　私たちは，暑い寒い，うるさい，狭いなどの物理的な環境や，人と人のかかわりや法律のような社会的な環境など，さまざまな環境に囲まれて生活している。そのため，環境は私たちの心理や行動に大きく影響を与える。たとえば，暑ければ上着を脱ぎ寒ければ上着を羽織るといった環境に応じた行動をとることにより，環境との折り合いをつけている。このように，個人が環境と調和し，安定した望ましい状態にあることを適応という。

　同じ環境に対しても，適応の状況は人によってさまざまに異なってくる。たとえば集団の中にさまざまな考え方の違いがあるとき，周囲を説得して集団に自分の考えと一致させる場合もあれば，周囲の考えに追従し集団に適応する場合もある。しかし，自分の本来の考えを大きく変えて集団に適応しても，それがあまりにも自己犠牲的であれば，後に大きな心理的負担となることもあり，必ずしも心理的には適応していないということになる。つまり，適応とは単に環境を受動的に受け入れて得られるものではなく，自らが積極的に環境に働きかけることで実現されるものといえる。

2．欲求

（1）欲求の種類

　欲求とは，適応を実現し維持するための行動の原動力となるものである。それは私たちを行動へと駆り立てる内的状態であり，個人が生活環境のなかで何

らかの必要に迫られたときに発生する。つまり，環境と個人との調和が乱れたときに欲求が発生し，欲求を充足させるような行動へ私たちを駆り立てるのである。しかし，表面上は同じ行動であっても個人の欲求は異なることもある。たとえば，部活動で同じように練習に取り組んでいても，その行動の原動力となる欲求は，大会でよい成績を残したいという場合もあれば，仲間と一緒にいたいという場合もある。このような違いがあれば当然，環境への働きかけや環境の変化に対する反応は異なってくる。そのため，適応や不適応を考えていくうえで，欲求を適切に理解することは非常に重要である。欲求は，大きく生理的欲求と社会的欲求の2つに分類される。

①生理的欲求……生物には，生命維持を目的として体内の生理的状態を一定に保とうとするホメオスタシスという働きがある。そのため，体内の生理的バランスが崩れると，乾きや空腹，睡眠などの欲求が生じ，体内の安定状態を回復させる行動を促す。性欲などもこれに含まれる。生理的欲求とは，このように個体の生命維持や種の保存のために生物に生まれながら備わっている欲求であり，一次的欲求ともよばれる。

②社会的欲求……他の人々とかかわり，集団のなかで生活している社会的動物

表9－1 マレーの社会的欲求の例

名　称	内　容
模倣	他人を模倣し，他人に同意し信じようとする欲求
達成	努力して高い目標をやり遂げようとする欲求
親和	好きな人の近くにいたいなど，人々との友好な関係を求める
攻撃	ことばや暴力により，他人を攻撃したり傷つけたりしたいという欲求
自律	束縛や強制などに抵抗し，独立した自由を求める
支配	人の上に立ちたい，他人に影響を与えたいと思う
服従	優れた人を賞賛し，命令に進んで従いたいという欲求
顕示	目立ちたい，人を驚かせたり楽しませたりしたいという欲求
援助	弱い人や困っている人などを助け，励ましたいと考える
依存	援助や保護または同情を求める欲求
承認	賞賛され，尊敬されたいという欲求
屈辱回避	非難や軽蔑などを避けようという欲求

である人間は，他の人と仲よくしたい，他の人から尊敬されたいなど，人と人との社会的かかわりのなかで生じる欲求をもっている。このような欲求を社会的欲求という（表9－1）。社会的欲求は，生後のさまざまな経験のなかから生じることから，二次的欲求ともよばれる。生物として考えれば，生命を維持するための生理的欲求が非常に重要であることは確かである。しかし，美しくなるために生命を危険にさらしてでも過激なダイエットを続ける人もいれば，いじめなどを受け，よい人間関係を築くことができずに自殺する人もいる。そのことを考えれば，人間は単に生物として生存し続けることを常に優先しているわけではない。社会的動物である人間にとって，人々とのかかわりのなかで生じる社会的欲求を充足させ，社会環境へ適応することが非常に重要なのである。

（2）欲求の発達的変化

個体が心身ともに発達していくと，生活環境も大きく異なってくる。欲求は環境からの要求により生じるため，さまざまな欲求の強度は発達段階によって異なってくる。マズローは欲求を成長の原動力として位置づけ，低次なものから高次なものへ階層状に分類し，ピラミッド型の階層において下位の欲求が満たされると，一層上の欲求が生じるという欲求階層説（欲求5段階説ともいう）を提唱した（図9－1，図9－2）。

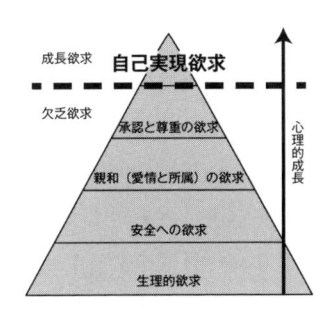

図9－1　マズローの欲求階層説の模式図

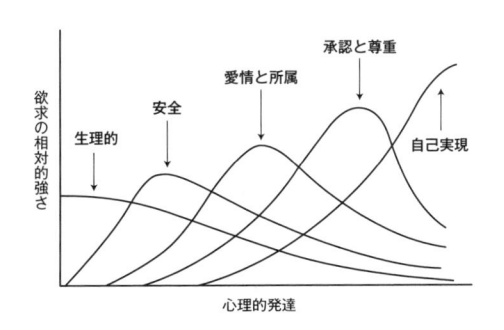

図9－2　心理的発達による欲求の変化

①生理的欲求……心身ともに未成熟な乳幼児の活動範囲は狭い。そのため，笑うことや泣くことにより空腹や睡眠の欲求を他者に伝えることで環境を変化させ，適応を実現しようとする。

②安全欲求……子どもの心身の発達が進み活動範囲は広がると，さまざまな新しい環境のなかで活動するようになる。そこで，いかに危険を回避し安全を確保するが重要となるため，安全欲求が非常に高まる。

③愛情と所属の欲求……子どもの発達がさらに進むと，生活のなかで人々とのかかわりが増えてくる。そのなかでは，仲間の集団をつくったり，その集団のなかで仲間とうまく協調して活動することが重要となる。この時期には，愛情と所属の欲求が高まり，家族や友人と仲よくしたり，恋人との愛情関係を築くような行動が促される。

④承認と尊重の欲求……集団のなかで，ある程度仲間とうまく活動できるようになり，愛情と所属の欲求が満たされると，単に周囲と仲よくいられるだけではなく，仲間から注目されたい，関心をもたれたいなど他者から評価される存在でありたいと願う欲求が高まってくる。

⑤自己実現欲求……これまでの欲求が適切に満たされたのちに，自分の能力や可能性を十分に使用して，自ら最善を尽くし，自分をさらに高めたいという自己実現欲求が生まれてくる。

これらの欲求のなかで，生理的欲求や安全欲求，愛情と所属の欲求，承認と尊重の欲求は，外部の物理的・社会的環境の不充足により生じる不快感や緊張を解消し最適な状態に回復させようとする欲求であり，欲求が一定の水準で満たされれば，それ以上を求めない。そのため，これらの欲求は欠乏欲求といわれる。これに対して，自己実現欲求が生じている状況は，決して不快な状態ではなくむしろ心地よい状態である。自己実現欲求は，高い目標や困難な課題を設定し自ら緊張状態をつくり出し，その達成や克服から満足感を得ようとする欲求である。当初の目標が達成されれば，さらにより高い目標を設定し，欲求は継続され，さらなる成長の原動力となる。そのため，自己実現欲求は成長欲求といわれる。

3．不適応

　現実の生活において，個人の欲求が必ず充足されるとは限らない。周囲の環境に対してあらゆる働きかけを行ったとしても，欲求が満たされない場合もある。このような場合では，環境との調和が乱れ，欲求が充足されないことによる苦しみや悩み，不利益などの不快な心理的状態が生じる。このような状況を不適応という。このような不適応には複数の種類がある。

（1）葛藤

　欲求を満たすための行動はすぐに判断・選択されるわけではなく，さまざまな選択肢の間で思い悩み，決定・実行するまでに多くの時間を要するような場合がある。葛藤（コンフリクト）とは，個人が同時に2つ以上の目標（誘因）に間で，そのうちどちらを選択するべきか困惑する状態である。レヴィンは，葛藤の基本的なパターンとして，以下の3つを取り上げた。

①接近－接近葛藤……これまで水泳と野球をしていたが，中学に入り部活ではどちらかを選ばなければならないなど，好ましい誘意性をもった2つの目標に挟まれた状態で，どちらも選択したいが，どちらも選択できない場合である。この葛藤では最後まで選択できないということはないが，一方を選ぶと残された他方がより魅力的に感じられることがある。

②回避－回避葛藤……あまり厳しい練習をしたくないが，試合には負けたくないといったように，好ましくない誘意性をもつ2つの目標に挟まれた状態で，どちらも選択したくないが，どちらか一方を選択しなければならない場合である。この葛藤では苦渋の選択を迫られるため，逃避のような不適応行動に移行する場合もある。

③接近－回避葛藤……けがをしている状況で，早くトレーニングをはじめたいが，早くはじめすぎればまた痛めてしまうかもしれないなど，1つの目標が好ましい誘意性と好ましくない誘意性の両方をもっている状態である。この葛藤では，好ましい誘意性により目標に近づけば好ましくない誘意性が気に

なり，好ましくない誘意性を避け目標との距離を置くと好ましい誘意性が気になってしまう。そのため，この葛藤は他の葛藤と比べて，精神衛生上よくない。

このほかに，二重接近－回避葛藤といわれるものがある。この葛藤は，接近－回避葛藤の複合体で，好ましい誘意性と好ましくない誘意性をもつ目標が2つ存在するような場合である。たとえば，志望校を選ぶ際に，学力と合っているが部活動が弱い学校と，部活動は強いが学力の低い学校との間で，どちらに入学すべきか迷うといった例である。

（2）欲求不満

何らかの原因により欲求が満たされないと，心身が緊張して不快な感情を抱く。このように，情緒的混乱が生じ精神的な緊張と不安定な状態が続くことを欲求不満（フラストレーション）という。ローゼンツワイクは，欲求不満の原因を，次のように分類している。

①内的欠乏……身長が低く，うまくバレーボールでスパイクを打つことができないなど，能力や健康の不足が原因となって目標に到達できない場合である。

②内的喪失……肩を痛めてしまい野球を続けることができなくなったなど，個人がもっていた心身の条件が損傷される場合である。

③内的障害……優秀な後輩にアドバイスを求めたいが，後輩ゆえに相談できないなど，自分の良心やプライド，失敗への懸念などから，欲求の満足を自ら禁止するような場合である。

④外的欠乏……中学に入学してバレーボールをしたかったのにバレーボール部がなかったなど，目標となるものが存在しない場合である。

⑤外的喪失……監督が別の学校に異動となり，指導を仰ぐことができなくなったなど，今まで満足されていた欲求が何らかの事情で不満足に変化した場合である。

⑥外的障壁……校則で部活動は18時までと決められているため練習時間が短いなど，規則や法律，社会的慣習などによって行動が禁止されている場合である。

（3）ストレス

　ストレスとは，本来，外部からの力によって物質に生じる「ひずみ」を表す工学用語を，生理学者のセリエが心身の疾病に援用したストレス学説を発表したことで，心理学でも広く用いられるようになった用語である。一般的には，人に不快感などを与える外的刺激そのものをストレスとよぶことが多いが，正確にはストレスを生じさせる外的刺激はストレッサーといい，外的刺激に対する反応をストレスまたはストレス反応というのである。

　個人と環境との相互関係からみれば，日常生活に変化を引き起こす出来事などはすべて潜在的ストレッサーである。しかし，あらゆる環境の変化に対して，常にストレス反応を示すわけではない。重要なのは，潜在的ストレッサーをどのように考えるかという個人の認知的評価である。ラザルスによれば，認知的評価は，環境が自分の目標・価値・信念を脅かしているかという一次評価と，その環境に対して自分に何ができるかという二次評価の2つの段階に分かれる（図9-3）。たとえば，大会の1回戦で優勝候補と対戦することになった場合

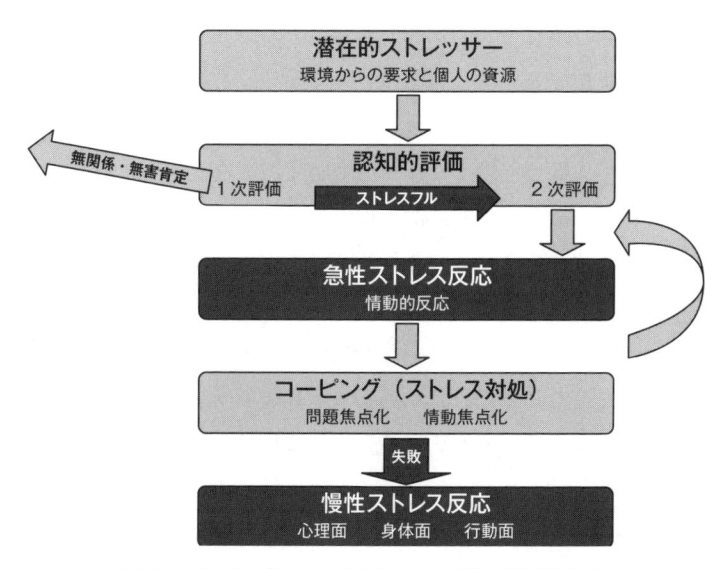

図9-3　ラザルスのストレスコーピングの模式図

（潜在的ストレッサー），勝敗はどうでもいい（無関係），優勝候補との対戦はいい思い出になる（無害肯定）などと考えれば，優勝候補との対戦はストレッサーとはならない。しかし，自分の目標がベスト8であれば初戦で優勝候補と対戦することは目標に対する大きな脅威（ストレスフル）として評価される。脅威であると評価された場合には，次に，その脅威に対処するために，何をすべきかを検討し，すべきことを実行した場合にどのような結果が起こるのか，その結果を導くための行動をうまく遂行できるかを評価する。その結果として，脅威に対処することが困難であると評価されれば，不安など情緒的な急性ストレス反応が生じる。このように，認知的評価，急性ストレス反応，コーピング，再評価をくり返しながら，ストレッサーを効果的に低減させることができない場合には，慢性的なストレス反応として，心理的・身体的・行動的な側面にさまざまな長期的悪影響をおよぼすことになる。

4．不適応への対処

（1）適応機制

　欲求不満や葛藤は不快な心的状態であり，このような状況が長く持続されることは精神衛生上望ましいことではない。しかし，このような状態を生みだす環境の中には，個人の働きかけではどうにもできないようなものもある。それにもかかわらず，人間はそのような状況で必ず深刻な不適応におちいるわけではない。それは，自動的で無意識的に用いられる適応機制という心の働きによって，知らず知らずのうちに不快な外的刺激から自我を守り，心理的な安定を確保しているためである。

　適応機制とは，フロイトが精神病理的観点から考案した防衛機制という概念を，娘のアンナ・フロイトが社会に適応する発達的システムとしてとらえなおし発展させたものである。心身の発達とともに環境も欲求も変化するため，必然的に欲求不満の状況も変化する。そのため，欲求不満に対して用いられる適応機制も心身の発達とともに変化する。たとえば，幼児期には，自分自身で欲求不満を解決することが困難であるために，現実の危険や不快を避ける否認が

表9-2 主な適応機制の例

主な適応機制の例	
抑圧	苦痛な情動や衝動などを,意識から締め出し無意識に圧し留める
投影	自分の衝動や情動を,他者やその他の非人格的なものに属するものとする
否認	受け入れがたい現実の苦痛や不安を受け入れるのを拒絶する
退行	早期の発達段階へ「子どもがえり」する
反動形成	抑圧だけでは不十分な場合に,抑圧して衝動とは反対の行動や態度を示す
取り入れ	相手の属性を自分の内部に取り入れて自己のものにする
合理化	生じた不安や罪悪感などを理屈によって正当化する
昇華	認められない感情や欲求を社会に受け入れられる形で実現する
知性化	思考と情動を分け,欲求や情動を抑え,その抽象的・論理的な思考にふける
禁欲主義	欲動の急激な亢進に対抗するように,これらを抑制しようとする
愛他主義	自分の衝動や願望は許容せず,他者の衝動や願望の充足を奨励・援助する

多く用いられ,青年期には比較的強いイドが比較的弱い自我と対立するため,禁欲主義や知性化,愛他主義などが多く用いられる。

　適応機制は,不適応を生み出すような状況から生じる緊張状態や不快感を一時的に解消するための心理的メカニズムであり,いわば適応への向けた心の安全装置である。しかし,適応機制は外的環境の認知を無意識的に変化させるものであり,現実の外的環境に働きかけるものではないため,取り巻く外的環境は何ら変化してはいない。そのため環境との不調和が増大し,結果的に不適応が促進される可能性もある。また,適応機制は困難な一時期を切り抜けた後でも放棄されないことがある。しかし,適応機制の維持は,絶えず心的エネルギーの消費が必要となり,大きな心理的負担となる。その点では,適応機制に依存しすぎることは,過剰な防御となり環境への適応を阻害する場合もある。

(2) コーピング

　コーピングはストレッサーの低減を目的として意図的に行われる認知行動的努力である。コーピングと適応機制とが大きく異なるのは,適応機制が自動的に無意識的に用いられるのに対して,コーピングは意図的に行われる意識的な認知行動的な努力であるという点である。意図的であるということは,自分自

身の意志や他者からの助言などによって不適応状態の改善が期待できるという点で，非常に重要な意味がある。

　コーピングは，問題焦点型と情動焦点型の2つに大きく分かれる。問題焦点型のコーピングとは，環境に対して行動を起こしたり，自分自身の行動を変化させ，ストレスフルな状況そのものを解決しようとする具体的な努力である。たとえば，問題解決に向け情報を収集したり，計画を立てたり，具体的に行動するなど，環境に対して行動を起こしたり，自分自身の行動を変化させるなどがある。一方，情動焦点型のコーピングとは，問題の直接的な解決ではなく，問題によって生じた情動の調整を目的として行うものである。具体的には，直面する問題について考えるのをやめたり，問題の意味を考え直すなどの行動である。

　問題焦点型のコーピングは，ストレスを生じさせる状況によって異なってくるが，情動焦点型のコーピングは個人でかなり一貫して用いられる傾向がある。また，脅威の程度が大きいと認知的働きが阻害され，問題焦点型のコーピングが困難になり，情動焦点型のコーピングが用いられやすい傾向がある。自分の働きかけで対処できると評価すれば問題焦点型のコーピングが用いられるが，自分の働きかけでは変化させることができないと評価すれば情動焦点型のコーピングが用いられる傾向がある。情動焦点型のコーピングは適応機制と同様に，直接的に環境に働きかけるものではない。しかし，個人で解決できない厳しいストレス状況から生じる慢性的なストレスを回避できるという点では適応的なコーピングである。

（3）欲求不満耐性

　不適応を生じさせるような状況のなかでも，不適応におちいる人もいれば，そこを乗り越え適応する人もいる。ローゼンツワイクは，このような違いを欲求不満耐性とよんだ。

　欲求不満耐性の違いは，発達過程によるところが大きい。つまり，幼いころからさまざまな欲求不満（葛藤を含む）やストレス状況に直面し，それを乗り越える経験をとおして，対処能力を身につけたかどうかが重要なのである。し

ばしば，欲求不満やストレスなどは，私たちの心身を害するものとして，ネガティブにとらえられがちであるが,さまざまなストレス場面を経験することは，より多くの対処の方法を身につけたり，自分がどれくらいストレスに強いかを把握できる大切な機会でもある。さまざまな環境に囲まれて生きる私たちにとって，ストレスや欲求不満は不可避なものであり，このような状況から守られてきた子どもが必要な対処スキルを学ぶことができず，将来に深刻な不適応におちいるという可能性についても考えておかなければならない。

　個人と環境との関係において，環境からの要求や環境の変化は，ストレスや欲求不満など個人に対する否定的な側面として注目されるが，環境からの要求は，私たちを変化させ成長させる原動力になっているという肯定的な側面についても忘れてはならない。

【参考文献】
海保博之（監修）・小杉正太郎（編）　ストレスと健康の心理学　朝倉心理学講座19　2006
金城辰夫（編）　図説 現代心理学入門　培風館　1990
大貫敬一・佐々木正宏　適応と援助の心理学―適応編―　培風館　1998

体育・スポーツと適応

　スポーツをはじめると，誰よりもうまくなりたいという気持ちが芽生えるのは自然なことである。趣味のスポーツであれば苦痛を感じることは少ない。しかし競技スポーツを真剣にする場合，「お気楽」にはいかない。選手は常に結果を求められる。

　スポーツをはじめたころは，うまくなりたい，あるいは相手に勝ちたいという自分の気持ちに従ってスポーツを続ける。ところが，うまくなるにつれ，いつからか周囲の期待を背負うようになる。「頑張れ」の声援はプレッシャーとなり，このプレッシャーはストレスとなる。ときとしてストレスに押しつぶされそうになるが，次第にストレスを処理する術を覚えていく。なぜなら，人間には適応能力があるからである。

　人は，「頑張ればできるかもしれない」という成功の希望があれば，努力することができる。この頑張りを続けている状態こそが，自らを高めることのできる状態である。日常的な表現を使えば「背伸びをした」状態である。この背伸びをしている状態が続いていけば，いつしか，その背伸びが本当の実力に変貌する。これがスポーツにおける適応である。

　ところが人にも，ものごとに立ち向かえる場合と，立ち向かえない場合がある。そのことは，少し考えてみればわかるだろう。成功する可能性のないことに取り組もうとするドン・キホーテのような人は，そう多くない。自分自身の手の届く範囲からの距離感が，立ち向かえるかどうかの分かれ目となる。そのため，背伸びのさじ加減，つまり目標の設定が重要である。

　セリエは「適度なストレスは人生のスパイスである」という。直面した困難は大きなストレスであろう。しかし，その困難を克服したときに，新たな自分自身を発見することも確かである。課題克服のストレスに立ち向かうことは，スポーツで上手になる過程と同じである。日々変わっていく自分を実感できる。まさに，人生に彩りを添えてくれるに違いない。

　人は適応能力を発揮して，ストレスを日々成長の糧にしている。スポーツを成長の材料にできる選手・指導者をめざしてほしい。

（鍋谷 照）

第10章 不適応行動と問題行動の理解

1. 不適応行動と問題行動

　不適応状態の原因には，子ども自身に起因するもの，環境に起因するものがある。一方に偏ることはまれで，不適応状態は両者の相互関係のなかで生起していることが多い。不適応が生じると，反社会的行動，非社会的行動，神経症的行動といった形となって現れる。反社会的行動とは，一般的に承認されている価値体系や社会規範から逸脱した行動で，攻撃行動，非行，いじめなどのことである。これに対して，非社会的行動とは社会とのかかわりを避けようとする行動で，不登校，ひきこもり，緘黙，自殺などのことをいう。また，神経症的行動とは，心理的な問題が身体的な形で表現されたもので，爪かみ，チック，拒食，強迫行為などがこれに含まれる。

　問題行動とは，何らかの基準に基づいて「問題である」と判断された行動をいうが，「暴力行為」「非行」「いじめ」「不登校」は現代の学校が抱える深刻な問題行動である。また，保護者による「虐待」は子どもの不適応行動や問題行動と密接な関係がある。さらに，教師による「体罰」は体育を専攻する学生にとって身近な問題であり，わが国にとって喫緊の課題となっている。

2. 反社会的行動

(1) 暴力行為・非行

a. 暴力行為

　児童生徒による暴力行為は，現在も憂慮すべき状態にある。暴力行為の発生

件数は2007（平成19）年度から3年連続して増加し，2009（平成21）年度には過去最高となった。その後，2010（平成22）年，2011（平成23）年と減少はしたものの，依然と高い水準にある（**図10－1**）。平成23年度の児童生徒1000人あたりの発生件数は4.0件であり，中学校での発生が全体の約7割を占めている。暴力行為を対象別にみると，「生徒間暴力」（何らかの人間関係がある児童生徒同士）が57.9％と最もも多く，続いて「器物損壊」23.7％，「対教師暴力」15.4％，「対人暴力」（生徒間暴力，対教師暴力の対象者を除いたもの）3.1％となっている。

　文部科学省（2011）は暴力行為が増加した要因として，児童生徒の成育・生活環境の変化，経験するストレスの増大，考えや気持ちをことばでうまく伝えたり人の話を聞いたりする能力の低下を挙げている。また，その背景には規範意識や倫理観の低下，人間関係の希薄化，家庭の養育にかかわる問題，インターネット・携帯電話の急速な普及にともなう問題など，児童生徒を取り巻く多様な問題があるとしている。

　暴力行為は，学校の秩序を乱し，子どもたちの安全や自己実現を脅かす行為である。いじめや不登校との関連も深く，指導にあたっては毅然とした姿勢で

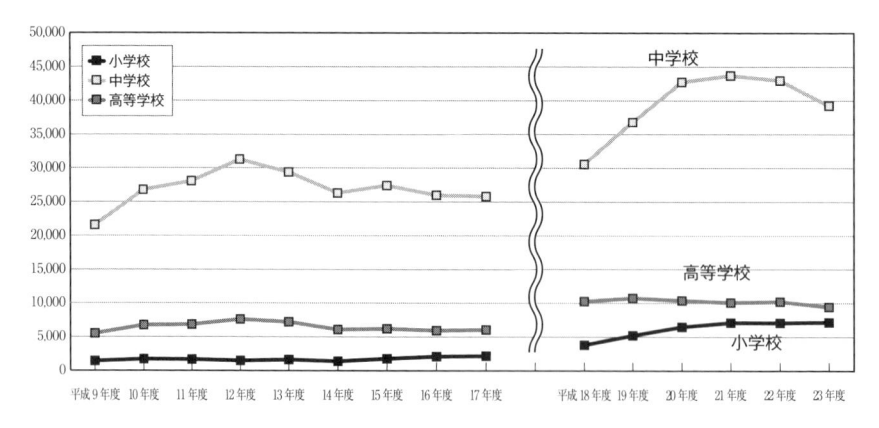

注1　平成9年度からは公立小・中・高等学校を対象として，学校外の暴力行為についても調査。
注2　平成18年度からは国私立学校も調査。また，中学校には中等教育学校前期課程を含める。

図10－1　学校内外における暴力行為発生件数の推移（文部科学省，2012）

臨むことが求められる。しかし，暴力行為におよぶ背景には児童生徒の抱える課題，取り巻く環境の要因があると考えられる。対応の際には，課題や要因を把握したうえで，児童生徒の内面に迫る粘り強い取り組みが重要となる。

b．非行

　少年法によると，非行少年とは，①14歳以上20歳未満で，罪を犯した少年（犯罪少年），②14歳未満で刑罰法令に触れる行為をした少年（触法少年），および③20歳未満で，保護者の正当な監督に服しない性癖等の事由があり，少年の性格又は環境に照らして，将来，罪を犯し，又は刑罰法令に触れる行為をするおそれのある少年（虞犯少年）をいう。犯罪少年は家庭裁判所に送致され，保護処分の必要があるときは，保護観察，児童自立支援施設・児童養護施設送致（18歳未満），少年院送致（おおむね12歳以上）のいずれかに決定される。なお，刑事処分が相当と認められるときは，検察官に送致される。触法少年および14歳未満の虞犯少年については，児童相談所の福祉的措置が優先される。

　図10－2は少年による刑法犯の検挙人員（触法少年の補導人員を含む）および人口比の推移を示したものである。その推移には，1951（昭和26）年，1964（昭和39）年，1983（昭和58）年をピークとする3つの大きな波がみられる。黒沢香・村松励はピークの前後で戦後を4つの期間に分け，少年非行の変遷を概観している。第1期は，1946（昭和21）年から1958（昭和33）年までの期間で，

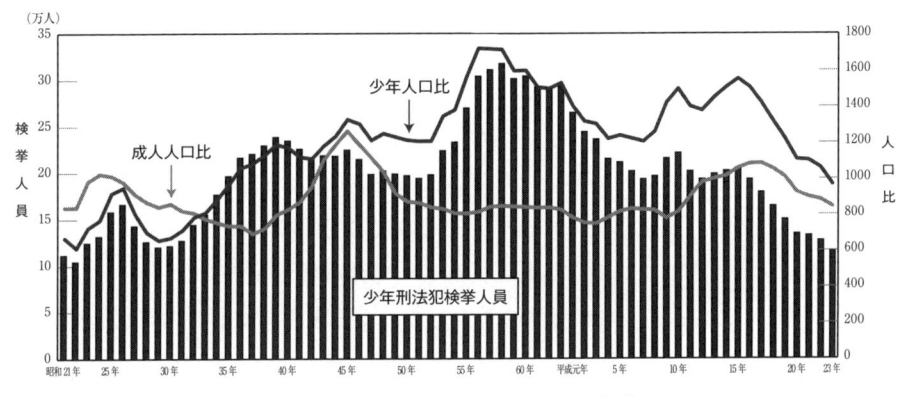

図10－2　少年による刑法犯の検挙人員および人口比の推移（平成24年版犯罪白書）

敗戦後の困窮と混乱を背景にして，生活上の必要から財産犯や強盗が多く発生した。このような非行を生存型非行という。第2期は，1959（昭和34）年から1972（昭和47）年までの期間で，高度経済成長期にあって，社会的な不平等感に基づく反抗型非行が増加した。この時期は，財産犯よりも粗暴犯，性非行が目立つ。第3期は，1973（昭和48）年から1995（平成7）年までの期間で，遊びのような気持ちで行ってしまう，万引きや自転車盗などが増えた。遊び型非行（初発型非行）の登場である。手口が単純で，罪悪感に乏しいことを特徴とする。第4期は，1996（平成8）年から現在に至る期間で，非行歴のない少年が，強盗・傷害致死などをいきなり起こす事件が目を引いた。社会不安を引き起こしたこのような非行は，いきなり型非行と名づけられている。

　近年，検挙される少年は減少傾向にある。「犯罪白書」（法務省，2012）によると，2004（平成16）年から検挙人員は毎年減少し続けている（図10−2）。少年人口比（10歳以上の少年10万人あたりの刑法犯検挙人員）についても，同じく2004年から毎年低下し，2011（平成23）年は968.4であった。しかし，非行歴のある少年の再非行少年率は，1997（平成9）年の21.2％を底として上昇を続けており，2011（平成23）年は32.7％となっている。一方，少年による一般刑法犯（刑法犯全体から自動車運転過失致死傷等を除いたもの）の検挙人員を罪名別にみると，窃盗（万引き，自転車盗，オートバイ盗など）の占める割合が62.6％と最も高く，次いで遺失物等横領（主に放置自転車の乗り逃げ）が17.3％と高い。この2つで全体の約80％を占めている。

（2）いじめ

　2013（平成25）年6月，いじめ防止対策推進法が成立し，いじめを早期発見するための措置，いじめ防止のための組織設置などが義務づけられた。同法では，いじめを「児童生徒に対して，一定の人的関係にある他の児童生徒が行う心理的又は物理的な影響を与える行為（インターネットを通じて行われるものを含む。）であって，当該行為の対象となった児童生徒が心身の苦痛を感じているもの」と定義している。これまでの文部科学省の定義と比較すると，新たにインターネットによるものも含むとされ，同法第19条において，いじめに

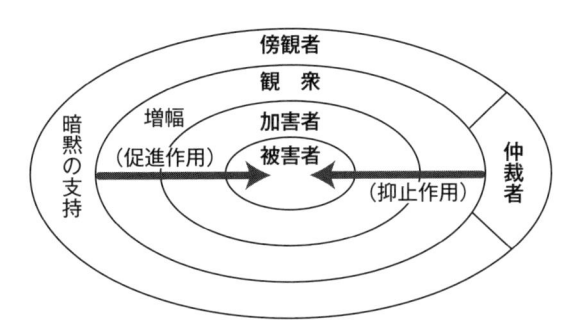

図10−3　いじめ集団の四層構造モデル（森田による）

かかわる情報の削除や発信者情報の開示について，法務局に協力を求めることができるとしている。

　文部科学省が毎年行っている「児童生徒の問題行動等生徒指導上の諸問題に関する調査」によれば，いじめの認知件数は2006（平成18）年以降全体として減少傾向にあり，2011（平成23）年度は7万231件であった。しかし，2011（平成23）年10月に起こった大津市の自殺事件を受けた緊急調査では，2012（平成24）年4月からの約半年間で14万4054件となり，2011（平成23）年度1年間の2倍の認知件数となっている。いじめは見えにくいため実態を正確に把握することは難しい。

　森田洋司は，いじめが加害者，被害者，観客，傍観者の4層の子どもたちのからみ合いのなかで起こっているというモデルを提唱している（図10−3）。いじめをはやし立ておもしろがるのが観客であり，見て見ぬふりをするのが傍観者である。このモデルでは，こうした周囲の子どもたちの作用（反応）が重要となる。つまり，周りの子どもたちの中から仲裁者が現れたり，周りの子たちからいじめに否定的な（冷ややかな）反応が示されるといじめの抑止につながる。しかし，抑止する力が働かなければ，いじめは助長される。周囲の子どもたちが傍観者となって見て見ぬふりをする背景には，他者への無関心，被害者になることへの恐れ，力に対する従順さ，集団への同調志向があるといわれる。したがって，いじめへの対応にあたっては，傍観者を含めた周りの子どもたちへの働きかけが鍵となる。

一方，被害者と加害者がどの程度親しかったかを調べたところ，「よくいっしょに遊んだり話したりする友達」だった場合が最も多く，次いで「ときどき話をする程度の友達」が多かった（図10－4）。この2つを合わせると8割に達する。いじめの多くが親しい間柄で起こっていることがわかる。現代のいじめは外からは見えにくいといわれるが，その理由のひとつがここにある。

　また，いじめはどの子にも起きうるといわれる。いじめ被害の経験を中学3年間にわたって調べた国立教育政策研究所生徒指導研究センターの「いじめ追跡調査2007－2009」によると，被害経験が何もなかった生徒は全体の2割以下で，8割以上は「仲間はずれ・無視・陰口」の被害を経験していた。さらに，8割以上の生徒が「仲間はずれ・無視・陰口」の加害に加わっていたことが明らかになった。被害者，加害者の役割は固定されているわけではなく，多くは入れ替わっていることを示している。また，加害者となった理由を尋ねた調査からは，以前に「いじめられたことがあったから」が10.7%，「いじめられる立場になりそうだったから」が9.8%と，いじめられ体験をいじめ加害の直接的な原因とした子どもが2割以上存在していた（坂田真穂による）。いじめの連鎖の可能性を示唆しており，加害者の被害感情への取り組みが求められている。

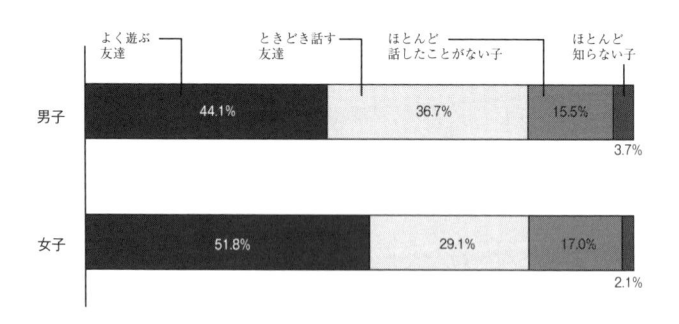

	よく遊ぶ友達	ときどき話す友達	ほとんど話したことがない子	ほとんど知らない子
男子	44.1%	36.7%	15.5%	3.7%
女子	51.8%	29.1%	17.0%	2.1%

図10－4　いじめる子といじめられる子の親密度（森田による）

3．非社会的行動

(1) 不登校

　不登校は今なお重点的に取り組むべき課題のひとつである。文部科学省の「児童生徒の問題行動等生徒指導上の諸問題に関する調査」では，不登校児童生徒を「何らかの心理的，情緒的，身体的あるいは社会的要因・背景により，登校しないあるいはしたくともできない状況にあるため年間30日以上欠席した者のうち，病気や経済的な理由による者を除いたもの」として調査している。その調査によると，2011(平成23)年度の不登校児童生徒数は11万7458人であり，小学校では304人に1人，中学校では38人に1人の割合となっている。ここ10年ほど不登校児童生徒の割合に大きな変化はなく高止まり状態にある（ただし，都道府県や市町村によっては減少傾向がみられる）。

　不登校を学年別にみると，学年が上がるにつれて増加しており，とくに小学校6年生から中学校1年生の間で約3倍に急増している（**図10-5**）。これは新しい学校環境になじめず起こる現象，いわゆる「中1ギャップ」のひとつとして知られている。しかし，2003(平成15)年に国立教育政策研究所生徒指導研究センターが発表した「中1不登校調査（中間報告）」によると，中学校1年生の不登校生徒のうち51.3%は小学校の4年生から6年生で不登校，保健室

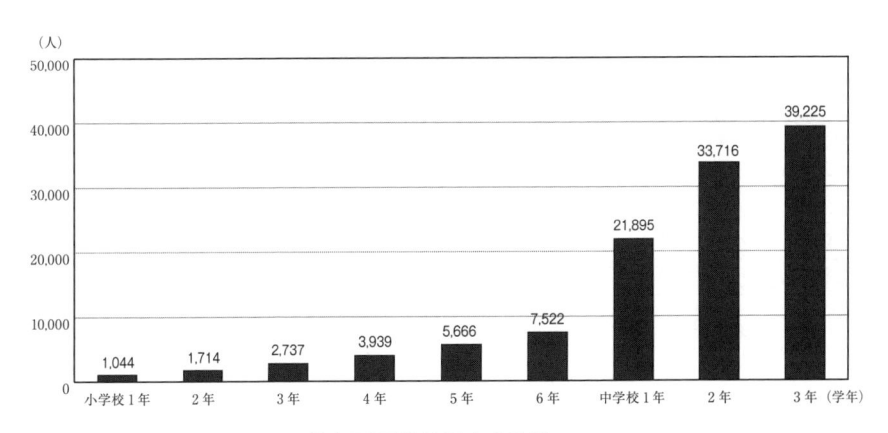

図10-5　学年別不登校児童生徒数(文部科学省，2012)

登校など不登校相当の経験をしており，不登校相当の経験がないものは21.5%に過ぎなかった。急増という不連続性だけでなく，経験という連続性にも注目する必要がある。

表10-1は不登校になったきっかけと考えられる状況を，小中学校別に上位6つまで示したものである。小学校，中学校ともに「不安などの情緒的混乱」と「無気力」が高い割合を占め，第1位または第2位にある。「不安など情緒的な混乱」とは，登校の意志はあるが身体の不調を訴え登校できない，不安を中心とした情緒的混乱によって登校しない状況であり，「無気力」とは無気力でなんとなく登校しない，登校しないことへの罪悪感が少ない状況をさしている。

不登校になってしまった児童生徒に対しては，学校内での指導の改善，家庭への働きかけ，他の機関との連携など，さまざまな取組がなされている。そのなかでとくに効果のあった学校の措置としては，「登校を促すため，電話をかけたり迎えに行くなどした」「家庭訪問を行い，学業や生活面での相談に乗るなどさまざまな指導・援助を行った」が多くの学校で挙げられている。斎藤環は，対応にあたっての留意点として，次の点を挙げている。

①十分な休養期間を保証する。
②強引に再登校を促す刺激（登校刺激）は有害であり，親子関係の信頼関係を傷つける恐れがある。

表10-1 不登校になったきっかけと考えられる状況の上位6つ (文部科学省, 2012から作成)

小学校	中学校
①不安など情緒的混乱　33.4%	①無気力　24.9%
②無気力　22.4%	②不安など情緒的混乱　24.9%
③親子関係をめぐる問題　19.8%	③いじめを除く友人関係をめぐる問題　15.8%
④家庭の生活環境の急激な変化　10.2%	④あそび・非行　11.6%
⑤病気による欠席　10.1%	⑤学業の不振　8.9%
⑥いじめを除く友人関係をめぐる問題　10.1%	⑥親子関係をめぐる問題　8.7%

注1　複数回答可。
注2　小学校において「あそび・非行」の占める割合は1.3%，中学校において「家庭の生活環境の急激な変化」の占める割合は4.9%であった。

③まず家庭内で"元気"を回復する。
④家庭内では常に本人の拒否権や選択権を尊重する。

4．児童虐待と体罰

（1）児童虐待

　児童虐待の防止等に関する法律（児童虐待防止法）では，保護者がその監護する児童に対して行う①身体的虐待，②性的虐待，③ネグレクト（保護の怠慢ないし拒否），④心理的虐待を虐待として定義している（表10－2）。児童虐待は近年深刻の度を増しており，平成23年度に全国の児童相談所で対応した児童虐待の相談件数は，5万9919件とほぼ6万件にまで達している（図10－6）。虐待を種類別にみると，身体的虐待が36.6％と最も多く，続いてネグレクト31.5％，心理的虐待29.5％となっている。ただし，身体的虐待は徐々にその比率を低下させているのに対し，心理的虐待の比率は近年急に高くなりつつある。これには2004（平成16）年の児童虐待防止法の改正で，DVの目撃を心理的虐待に含めたことも影響していると考えられる。被害者の年齢では，小学生が36.2％と最も多く，次いで3歳から学齢期前児童が24.0％，0歳から3歳未満が19.2％である。死亡は0歳から3歳未満に多い。主たる虐待者は実母が59.2％と最も多く，次いで実父の27.2％となっている。

　児童虐待は心身の発達に重大な影響をおよぼす。身体への影響としては死亡，

表10－2　児童虐待の種類 (厚生労働省)

身体的虐待	殴る，蹴る，投げ落とす，激しく揺さぶる，やけどを負わせる，溺れさせる，首を絞める，縄などにより一室に拘束する　など
性的虐待	子どもへの性的行為，性的行為を見せる，性器を触る又は触らせる，ポルノグラフィの被写体にする　など
ネグレクト	家に閉じ込める，食事を与えない，ひどく不潔にする，自動車の中に放置する，重い病気になっても病院に連れて行かない　など
心理的虐待	言葉による脅し，無視，きょうだい間での差別的扱い，子どもの目の前で家族に対して暴力をふるう（ドメスティック・バイオレンス：DV）　など

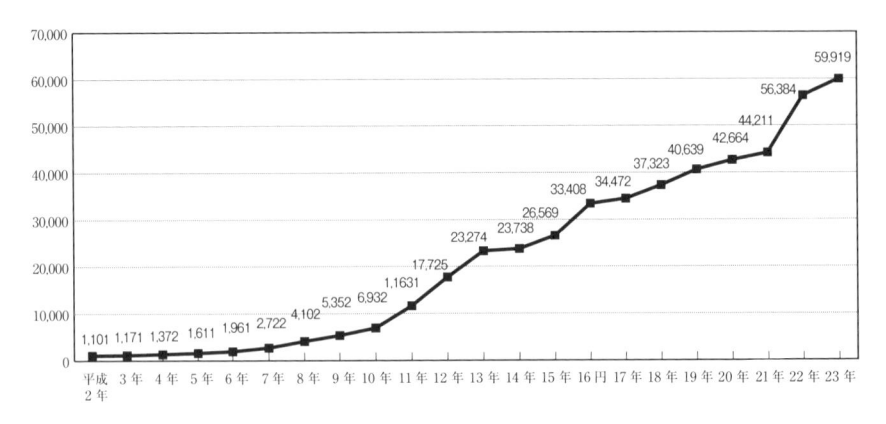

図10－6　児童虐待相談の対応件数の推移 (厚生労働省)

身体的外傷，発育不良など，情緒・心理面への影響としては過敏さ・傷つきやすさ，感情のコントロールの悪さ，自己価値観の低下など，対人関係への影響としては対人関係を避ける傾向，適当な距離を保てない傾向など，さまざまな内容，程度がある。また，非行や不登校，いじめ，二次的な発達障害などにつながることが懸念される。

（2）体罰

体罰は，学校教育法11条において禁止されている，許されない行為である。文部科学省は，部活動中の体罰を背景とした高校生の自殺などを受け，「体罰の禁止及び児童生徒理解に基づく指導の徹底について」（2013年3月13日付）を全国に通知した。その通知によると，体罰とは「身体に対する侵害を内容とするもの（殴る，蹴る等）」と「肉体的苦痛を与えるようなもの（正座・直立等特定の姿勢を長時間にわたって保持させる等）」と判断された懲戒のことをいう。

懲戒行為が体罰にあたるかどうかは，児童生徒の年齢，健康，心身の発達状況，行われた場所的および時間的環境，懲戒の態様などを総合的に考え，個々の事案ごとに判断される。

先の文部科学省の通知では，「部活動は学校教育の一環であり，体罰が禁止

されていることは当然である。成績や結果を残すことのみに固執せず，教育活動として逸脱することなく適切に実施されなければならない」と明記されている。しかし，体罰をしつけや指導として容認する風潮は学校社会やスポーツ界に根強く残っている。

八並光俊は，体罰の負の教育効果を個人，学級，学校・地域の3層に分けて次のように整理している。

①個人レベル……児童生徒の自己肯定感や自己効力感の喪失，学業の不振，人間関係形成能力や意思決定能力の低下，精神的疾患の誘発，進路変更，いじめ，不登校，暴力行為，自殺，非行，薬物乱用などの生起。

②学級レベル……教師と児童生徒の人間関係の破綻,いじめや暴力行為の増加，課題性の高い児童生徒の暴力的支配の助長，学級崩壊。

③学校・地域レベル……教職員間の人間関係の崩壊，通常の学習指導や生徒指導の困難，学校運営上の支障，学校の信用回復やスクールトラウマの回復の困難。

こうした多層にわたる影響に加え，体罰の連鎖という負の連鎖の起こる可能性もあり，体罰の影響が広範囲にわたる恐れのあることがわかる。体罰を認めない社会の実現には取り組むべき課題は多く，学校からの情報発信をはじめ，さまざまな観点から開かれた議論を重ねていくことが必要である。

【参考文献】
保育・学校現場での虐待対応研究会（編著）　保育者・教師に役立つ子ども虐待対応実践ガイド　東洋館出版社　2013
黒沢香・村松励　キーワード心理学9　非行・犯罪・裁判　新曜社　2012
文部科学省　暴力行為のない学校づくりについて（報告書）2011
文部科学省　平成23年度「児童生徒の問題行動等生徒指導上の諸問題に関する調査」について　2012
森田洋司　いじめとは何か　中公新書　2010
斎藤環　不登校とひきこもり—対応の実際—　思春期学31　147-151　2013
坂田真穂　いじめる子　廣井亮一（編）　加害者臨床　日本評論社　2012
八並光俊　「体罰」に教育効果のないことを確認する　教職研修5月号　特集1「体罰」を許さない学校づくり　教育開発研究所　2013

スポーツ選手のバーンアウト

　バーンアウトは,「燃え尽き」と訳され, その意味は「長い間の目標への献身的活動が十分に報いられなかったときに生じる情緒的・身体的消耗」とされている。つまり,「目標に向かって, 一生懸命努力をしたが, その努力が十分に報われず, その後, やる気がなくなったり, 元気が出なかったりすること」といえる。スポーツ選手の場合, バーンアウトが長期にわたると, 競技引退につながることもある。また,「バーンアウト症候群」は, バーンアウトと同義語として使われる場合もあるが, 病的傾向の意味合いが強くなるという研究者もいる。

　バーンアウトの背景・原因には, 選手個人に関すること, チームや周囲の環境からの影響などさまざまなものが考えられる。選手個人に関するものとしては,「目標達成への困難」「怪我から思うように復帰できない」, 逆に「目標を達成した」などもある。また, 性格特性もバーンアウトにおちいる要因のひとつと考えられている。チームや周囲の環境影響としては,「大学生になり競技環境が変わって競技自体に魅力を感じなくなった」「チーム内の人間関係で意欲が低下した」などがある。また, プロ選手のバーンアウトの例でみると,「プロ野球選手になった」「Jリーガーになった」というように, 一定の目標を達成したことが原因と考えられるケースがある。このようなケースは,「プロ選手になった後に, 目標を失ってしまい, 練習に身が入らず, 結局大成せず引退してしまった」という例としてときどきみられる。

　競技生活を長く続けていれば, 1度や2度はバーンアウトのような症状が出ることはあるだろう。そのようなときには,「自分は, その競技に執着しているのか。その競技を真に続けたいのか。なぜやっているのか」などをじっくりと考えることが重要である。競技生活は忙しさの中にある。そのようなときにこそ,「熟考する時間」をつくることが大切である。またバーンアウトにおちいってしまったとき, その選手の周りに, どれくらいのサポート資源（人や組織）があるのかも重要である。つまり, 選手の身近なところに「ソーシャルサポート」があることにより, バーンアウトは予防でき, またはなったとしても早期回復につながり, 最終的には納得した素晴らしい競技生活を送ることにもつながるだろう。

（立谷泰久）

第11章

教育測定と評価の理解

1. 教育測定と教育評価

(1) 教育測定と教育評価の歴史

　教育の目的は，児童生徒がもっているさまざまな可能性を伸ばすために教師がはたらきかける援助活動である。教育測定と教育評価の仕事は，期待される教育目標に対して児童生徒がいかにそれを達成したかを確認し，よりよい教育実践と児童生徒の成長発達に貢献するものである。

　教育の効果を調べようという試みは古くから存在していた。古代ギリシアのソクラテスによる産婆法，中国の隋の時代に官吏登用試験としてはじめられた科挙の制度，わが国では奈良時代の養老律令に定められた旬試，歳試などがそれである。いずれも口頭試問（面接試験）が中心であった。しかし，この方法は判定がきわめて主観的で，平等かつ公平な試験法とはいえなかった。口頭試問は試問する人により判定基準が異なってしまうからである。

　これに代わるものとして筆記試験が用いられたのは比較的新しいことである。イギリスでは1702年にケンブリッジ大学で，アメリカでは1845年にボストン市の教育委員会で用いられたのが最初である。わが国では1872（明治5）年の学制公布以後と考えられている。

　筆記試験は，客観的で信頼性が高い点で口頭試問よりも優れていた。しかし，その方法が論文体であったため出題の範囲が限定されたり，採点者の主観によって採点されてしまうという弊害が残っていた。これらの伝統的な試験法に対する反省が19世紀後半から起こりはじめた。それは主観的な測定から客観的な測定へお移行であった。客観的な測定基準を設けたり客観テストを考案した

先駆者は，イギリスのフィッシャー，アメリカのライスである。

　20世紀になって教育問題や心的現象の研究が盛んになり，それが客観的な測定やテストの発展への刺激になった。いわゆる教育測定運動のはじまりである。この教育測定運動に多大な貢献をしたのは，アメリカのソーンダイクであった。

　ソーンダイクは，1904年に『精神社会的測定理論入門』という画期的な書物を公刊し，その後の測定運動に影響を与えた。そして多くの標準テストやスケールが作られていった。ソーンダイクはその業績により"教育心理学の父，教育測定の父"とよばれている。「すべて存在するものは量として存在する。量として存在するものはそれを測定することができる」というソーンダイクのことばは非常に有名である。

　一方，知能の測定については，1905年にフランスのビネーとシモンが世界で最初の知能検査を作成し今日の知能検査の基礎を築いた。それは一般にビネー式といわれ，アメリカで改訂されて発展したものが世界に広まり，わが国でも明治末期にビネー式知能検査が紹介された。また，大正から昭和初期にかけてアメリカの教育測定運動が導入されると，教育測定への関心は非常に高くなった。いろいろな標準テストやスケールが作られたのはこのころからであるが，この測定中心の時代も内外の情勢の緊迫によって次第に衰退していった。

　アメリカでは，1930年ごろになって教育測定に対する批判が生まれ，新しい教育思想が台頭してきた。これが教育評価である。教育測定が学力や技能の客観的な測定をめざしているのに対し，教育評価の対象は教育を受ける人間全体を問題にする。ここに，教育測定から教育評価への歴史的な転換がみられる。しかし，わが国に教育評価の思想が導入されたのは，第2次世界大戦の終戦直後のことである。

（2）教育評価の意義と目的

　教育測定は，個人の学力や技能などを客観的，数量的のとらえる仕事である。これに対して，教育評価は全人的なものを対象とする。数多くの資料に基づいて，教育の目標がどの程度達成されたかを一定の基準に照らして評価すること

である。その評価によって教育を科学的に改善し，効果的な教育をいっそう促進させていこうとする。次に，教育評価の目的を具体的に列記しよう。
①教師および児童生徒に教育目標の達成度を知らせるため。
②児童生徒の個人差を的確に把握し，指導上の資料を準備するため。
③児童生徒の全般的傾向を知り，その環境や背景を明らかにするため。
④カリキュラム，教授法，教材が適正であったかどうかを見きわめるため。
⑤教師自身が，自主的な反省と客観的に評価する態度を養うため。
⑥教師が研究の資料を得るため。
⑦学級編成，記録，選抜などの資料を得るため。
⑧保護者への連絡と，そのための正確な資料を準備するため。

　これらは，①指導の資料，②教師の反省，③教育の管理の3つにまとめることができる。このなかで①と②は教育活動そのものに内在している。すなわち，教師が児童生徒に対して指導した結果を自分自身にフィードバックし，その後の指導法や指導計画を強化したり，改善していくことである。しかし，教師がひとり熱心であっても，それだけでは不十分である。児童生徒が自らの学習活動を自己評価し，フィードバックされた資料をもとに学習への動機づけを高めていくことは，教育評価をより効果的に，そして確実にするうえで非常に重要であろう。

表11－1　教育測定と教育評価の相違点（橋本重治による）

教育測定	教育評価
A　児童生徒の知能および学力の知的・技能的な面を対象とする	(1)　Aのほかに児童生徒の態度，習慣，道徳性などの全人的な物と環境を対象とする
B　児童生徒の能力の集団内における相対的位置，すなわち個人間差異を測定する	(2)　Bのほかに児童生徒の能力や特性の個人内の優劣，すなわち個人内差異に注目する
C　主観的方法を排し，客観的なテストやスケールなどを用いる	(3)　客観的方法のほかに正当な手続を踏めば主観的方法も用いる
D　測定用具として，客観的なテストやスケールなどを用いる	(4)　評価のための用具としてDのほかに論文試験や行動観察なども用いる
E　測定のための測定，テストのためのテストに終始している	(5)　主観的および客観的方法で得られた成果を，ガイダンスやカウンセリングに利用し診断的に追跡する

教育測定と教育評価は，それぞれが独立した関係にあるのではなく，ともに教育目標のために補い合う関係をもつものである。
　表11－1は，教育測定と教育評価の相違点を示したもので，両者の対象や方法，そして技法などの関係を理解することができる。

2．教育評価の対象

(1) 児童生徒に関する評価

a．身体的能力の評価
　体格，体力，運動能力などの身体的発達と，病気の有無，衛生などの健康状態が含まれ，身体検査，体力検査，健康診断などにより評価される。身体的健康が精神的健康の基礎になることはいうまでもない。

b．精神的能力の評価
　教科学習のレディネスや進路指導，職業指導などの基礎資料になる能力の評価である。具体的には知能や適性の評価ということになる。知能検査は学力検査とともに測定・評価のなかでも重要な地位にあり，適性検査は進路指導，職業指導のために適切な情報を提供してくれる。測定結果そのものよりも，児童生徒の個人差に応じた活用を考慮すべきであろう。

c．学習成果の評価
　学力の評価であり，学校教育で最も中心的な評価領域である。学力は学習によって獲得された能力であるから，たんに教科学習の成果だけではなく，カリキュラム，教授法なども評価の対象になる。全人的教育を目標にするのが教育評価の本旨であるため，教科学習の成果だけを児童生徒の人間形成の基本にするのは望ましいことではない。

d．パーソナリティや行動の評価
　児童生徒の感情，意志，興味，態度，道徳性などについての評価である。悩みや問題行動など適応や不適応に関する評価もここに含まれる。この領域においては，心理学的な検査法が数多く開発されているが，実施や解釈は常に慎重でなければならない。

（2）児童生徒の環境に関する評価

a．教師の評価

　指導者としての教師に対する評価で，それは教育活動の全般におよぶ。具体的には学習指導，集団指導，生活指導，生徒指導ということになる。そのために教師のパーソナリティ，能力，適性などが問題にされる。児童生徒は教師の言動に直接影響を受けるので，教師自身が期待され，尊敬される人物であることは，彼らとよい関係を保つうえできわめて必要であろう。

　それは教師であるための適性の問題ともいえる。教師の仕事は学習指導だけに限られない。学級集団を円滑に運営し，児童生徒の人間関係を向上させるのも教師の大切な仕事である。さらに日常の生活指導や生徒指導，課外活動の指導など，教師の果たす役割は実に大きいのである。

b．学校の評価

　学校は児童生徒にとって重要な生活環境である。それは学校の運営計画，教育施設・設備，教職員組織，PTAなど学校管理についての評価であり，学校経営の進展や改善に役立つものになる。

c．学級の評価

　学級の心理的まとまりの評価である。学級は児童生徒にとって教科学習と集団生活の場である。そこでは，友人関係をとおして基本的欲求の充足，社会的・情緒的な発達，社会的な行動基準の獲得などの面が形成されていく。したがって，学級の凝集性，雰囲気，目標，活動への取り組み方，人間関係などが評価の対象になる。

d．家庭環境や地域社会の評価

　家庭の経済的・社会的状況，家族構成，教育に対する関心の程度などの評価である。家庭環境のなかでも親とのかかわりが重要なことはいうまでもない。子どものパーソナリティ形成に，親の養育態度や教育観，人生観などが大きな影響を与える。同じように，地域の自然や社会，文化も身体的・精神的な発達に与える影響を忘れてはならない。とかく学校教育に目を奪われがちな今日であるが，広い視野に立って児童生徒を評価することが必要であろう。

3．教育評価の方法

（1）教育評価の手順と基準

　教育評価の対象は児童生徒個人の問題から，彼らを取り巻くすべての教育環境におよんでいる。教育評価の方法は，一般に次のような順序で実施される。
①評価目標の設定……評価を行うにあたって，まずどういう目的で，何を評価するのかをはっきりさせる。そして，評価の対象や教育目標との関係で具体的な評価目標を導き出す。
②評価場面と評価技法・用具の選択……評価の目的や対象にそった客観的で信頼性，妥当性の高い資料を得るため，最適な機会や場面，手段を選択する。
③収集された資料の処理・解釈・利用……最適な場面で最適な技法・用具を使用して得られた資料は一定のルールに基づいて整理される。その際に統計法によって処理し，図表のような視覚的な形で表現されるのが一般的である。
　評価には基準が必要である。それは相対評価，絶対評価，個人内評価の3種類に分けることができる。
①相対評価……個々の児童生徒の成績が集団の中のどの位置にあるかを，その集団の基準に照らして判定する方法である。基準になる集団は，学級や学校，広い地域の同一学年などであり，個人の成績を集団の基準に基づいて評価する。たとえば，5段階評定の場合では，正規分布曲線から評定段階1と5が7％，2と4が24％，3が38％の配分比率が使用されている。したがって，相対評価は集団準拠評価といわれる。
②絶対評価……個々の児童生徒の成績を集団内の他の人のそれと比較するのではなく，あらかじめ定められた教育目標の評価基準にどのくらい到達したかを判定する方法である。絶対評価は目標準拠評価，到達度評価などといわれる。一般に用いられている100点満点による評価，合格・不合格による評価などはここに含まれる。しかし，60点や80点という学業成績を目標への到達度とするか否かを判定することは難しい。
③個人内評価……児童生徒の個人内差異に着目して判定する方法である。つま

りAという個人はAとして，Bという個人はBとして評価する。個人内評価には，過去と現在の成績を比較する縦断的解釈，教科間の成績を比較する横断的解釈が含まれる。この評価法は，得意・不得意な面をとらえることができるので個人を最大限に尊重する教育観と合致しているが，集団内での位置づけや目標への到達度はわからない。

なお，2000（平成12）年から段階的に導入された「総合的な学習の時間」の評価に対応して，ポートフォリオ評価が注目されている。これは量的基準による評価だけでなく質的基準を重視する評価法である。学習活動において児童生徒が作成した作文，レポート，詩，絵画，録音テープ，手紙，テスト，日常の作品などの学習成果を集めたもの（ポートフォリオ）を用いて，学習の過程とその成果について児童生徒自身に自己評価させるものである。

これらの評価法は，どれも長所と短所をもっている。それぞれの評価法の役割が異なるので，教育目標に応じて活用していくことが大切である。

（2）評価の時期

アメリカのブルームは，教育評価を学習指導の流れの中に位置づけ，その目的と実施時期に基づいて診断的評価，形成的評価，総括的評価に分けた。

①診断的評価……学年はじめ，学期はじめ，単元はじめなどの学習指導を開始する前に行う評価である。児童生徒の実態を確認して指導計画の資料にする。いわば学習のレディネスを調べるといえるものである。

②形成的評価……学習指導の途中で児童生徒が学習内容をどの程度理解しているか，指導法は適切かなどを小テストや観察によって調べ，学習への到達度やつまずきをチェックし，その後の指導に活用するための評価である。そこには診断と支援の機能がはたらくことになる。

③総括的評価……学習指導がひとまとまりついた段階で，その成果を総括的にチェックするために行われる評価である。一般に実施されている学期末テスト，学年末テストによる評価はこれにあたる。

（3）評価の技法

　最適な評価の技法・用具を選択することは，評価資料の収集にとって大切な仕事である。本書の他の章で取り上げられているものも多いが，ここでは一般に利用されている技法・用具の種類を紹介しよう。

①教師自製テスト……教師が日常の学習活動のなかで教えた範囲から自由に問題を作成して実施するもので，重要な評価手段のひとつである。論文体テスト，客観テスト（いわゆる○×式）などがある。

②標準テスト……実施法や採点法が一定の基準による標準化の手続きを踏んで作成されたもので，個人の結果は集団の水準で評価できる。知能検査，学力検査，パーソナリティ検査，適性検査などがある。標準化の手続きには，信頼性，妥当性，客観性，弁別性，実用性などが重視される。

③観察法……児童生徒の日常行動，態度，発言内容などを直接的に記録する方法である。記録の方法には，チェックリスト法，逸話記録法，評定法などである。最近ではVTRやICレコーダーのような機器を併用することもある。

④面接法……児童生徒と直接対面して，その内的な世界を把握しようとするものである。カウンセリングもこのなかに含まれる。

⑤作品・表現の利用……作文，絵画，工作，音楽など児童生徒が製作したり表現したものを一定の基準（評定尺度など）によって評価する。

⑥その他……事例研究法（ケース・スタディ）などがある。

　このように，教育評価の技法・用具には多くの方法と種類がある。しかし，ひとつの技法・用具があらゆる評価場面にすべて適用できるとはいえない。それらのうちのどれを採用するかは，評価の目的や対象との関係で決まってくるので，常に適切な技法・用具を選択することを心がけなければならない。

4．教育心理統計の基礎

（1）度数分布

　数量化された資料（データ）は，一定の幅をもった階級（級間）に分けて整

理すると，全体の分布状態をよくとらえることができる。50人の生徒にあるテストを実施した結果，その得点が**表11－2**のようになったとする。得点は6点から29点に分布している。級間を3点にしてそれぞれの階級に属する度数をまとめたものが**表11－3**である。これを度数分布表という。級間をどのくらいにするかは，全体の得点の広がりを考慮して決める。度数分布は図示すると視覚的にわかりやすい。**図11－1**を柱状グラフ（ヒストグラム），**図11－2**を度数多角形（ポリゴン）という。柱状グラフは横軸に得点，縦軸に度数をとり，その数量を長方形の面積で表したものである。度数多角形は，柱状グラフにおけるそれぞれの長方形の中央の頂点（中央点）を順に結んで構成されたものである。

表11－2　あるテストの得点

12	23	15	9	17	20	18	24	16	21
18	20	26	18	21	28	22	20	23	14
25	18	15	12	25	16	19	6	17	19
22	10	22	19	21	26	23	15	22	25
16	29	18	24	17	23	21	13	18	20

表11－3　度数分布表

階　級	中央点	度　数
6～8	7	1
9～11	10	2
12～14	13	4
15～17	16	9
18～20	19	13
21～23	22	12
24～26	25	7
27～29	28	2
計		50

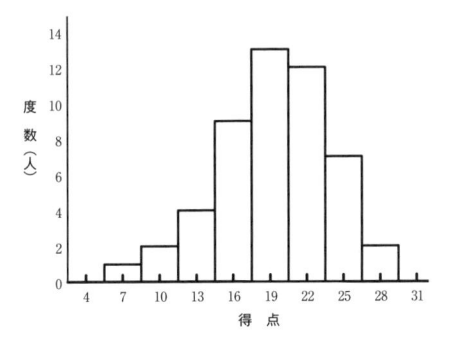

図11－1　柱状グラフ

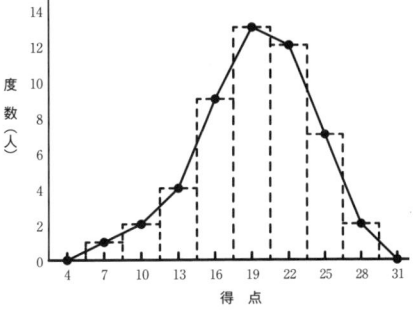

図11－2　度数多角形

（2）代表値

　代表値は度数分布の中心傾向を表す値である。代表値には，平均値，中央値，最頻値などがある。

①平均値……（エックス・バー）あるいはMで表され，代表値のなかで最もよく利用される。これは測定値の総和をその総度数で除した値である。平均値は測定された数値をすべて含めて算出されるので，測定値の中に極端な値があるときはそれに強く影響される。

②中央値……メディアンともよばれ，MeあるいはMdnで表される。これは測定値を大きさの順に並べたとき，ちょうど中央に位置する値である。測定値が2, 4, 5, 7, 9のように奇数個であれば中央値は5である。また，2, 4, 5, 7, 9, 12のように偶数個であれば中央の2つの平均で（5＋7）÷2＝6となる。

③最頻値……モードともよばれ，Moで表される。流行値ともいう。測定値が2, 4, 5, 5, 5, 7, 7, 9であれば，最も度数の多い5が最頻値である。度数分布表では最大の度数をもつ階級の中央点で，**表11－3**の場合，最頻値は18〜20の級間の中央点19になる。

（3）散布度

　散布度は，代表値のまわりに測定値がどの程度散らばっているかを見るものである。たとえ代表値が同じであってもデータが等質とは限らない。散布度でよく使用されるのは標準偏差である。

　標準偏差は一般にSDという記号で表される。標準偏差は，個々の測定値と平均値との差の二乗の総和を平均したものの平方根である。平均値を算出した場合，その値とともに標準偏差を示すのが良心的である。いま測定値が3, 6, 7, 10, 14であったとする。平均値は8であるから，標準偏差は，

$$SD = \sqrt{\frac{\Sigma(X - \bar{X})^2}{N}}$$ に代入して，

＊ただし，Xは個々の測定値，$\bar{X}$は測定値の平均，Nは測定値の個数

$$SD = \sqrt{\frac{(3-8)^2 + (6-8)^2 + (7-8)^2 + (10-8)^2 + (14-8)^2}{5}}$$
$$= 3.74$$

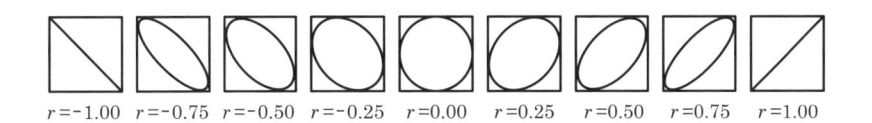

図11－3　相関図と相関係数（r）

表11－4　相関係数の一般的解釈基準

範囲	解釈
0.00 ～ 0.19	ほとんど相関がない（無視できる相関）
0.20 ～ 0.49	相関は認められるが低い
0.50 ～ 0.74	かなりの相関がある（本質的相関がある）
0.75 ～ 0.89	高い相関がある（著しい相関がある）
0.90 ～ 1.00	きわめて高い相関がある（非常に高い共変関係，あるいは因果関係が認められる）

　平均値を中心として，得点の散らばりが広くなればなるほど標準偏差の値は大きくなる。また，標準偏差が小さければ平均値の周辺に多くの測定値が集中していることを示すのである。

（4）相関係数

　2つの変数X，Y（たとえば身長と体重，知能と学力など）の間で，一方の変数が変化するとき，他方の変数も変化するような関係を相関関係といい，それを数量的に表したものを相関係数という。一方の変数が増加（または減少）するとき他方も増加（または減少）する場合をプラス（正）の相関，一方の変数が増加（または減少）するとき他方の変数が減少（または増加）する場合をマイナス（負）の相関があるという。**図11－3**は相関図と相関係数（r）との関係，**表11－4**は相関係数の解釈基準を示したものである。

【参考文献】
橋本重治（財）応用教育研究所改訂版編集　教育評価法概説　図書文化　2003
梶田叡一　教育評価（第2版補訂2版）　有斐閣双書　2010
藤田主一・齋藤雅英・宇部弘子（編著）　新発達と教育の心理学　福村出版　2013

創造性の測定

　創造性には，人の知性や個性を羽ばたかせる力がある。わが国における創造性研究の第一人者である恩田彰（1971）は，「創造性とはある目的達成または新しい場面の問題解決に適したアイデアを生みだし，あるいは新しい社会的，文化的（個人基準を含む）に価値あるものをつくり出す能力である」と定義している。

　創造性を評価する場合，おとなと子どもではその視点が異なる。おとなの場合は，社会にとって"新しい"アイデアであるかどうかが大切であり，子どもの場合は，その人にとって"新しい"かどうかがポイントになる。創造性テストとして，S－A創造性検査やTCT創造性検査などがある。S－A創造性検査はギルホードが，TCT創造性検査は早稲田大学創造性研究会が考案したものである。

　ここではダンスの創造性について考えてみる。ダンスは時間空間の芸術といわれ，その行為により自由に世界を創り上げることができる。まさしく創造の世界である。ダンスには思考の流暢性や柔軟性，独創性，具体性といったものが必要とされていて，これらはいずれも創造性検査で測定することが可能である。

　創作ダンスの初歩の学習では，学習者の自主性を大切にする課題学習を使って動きを導くことが多い。たとえば，課題をもとに動き，そこからイメージを想起する。この作業を行うことで，ただの動きを質感のある動きとして表現することができる。動きからイメージを想起する過程のなかで，どのようなイメージが浮かび，それをどのような動きにしていくのかがとても興味深いところである。イメージも動きの工夫も，発想をより具体的にしていく作業であるといえよう。教える側は，子どもたちがイメージを挙げるたびに，新しい発見に出合えるだろうかと期待をする。挙げられたイメージをみると，「次々と同じようなイメージが湧く人」「いろいろに思考が飛び，多くのイメージを出す人」がいることに気づく。ダンスにおける創造性の特徴を考えると，創造性の"広がり"と"深まり"の2つに集約されるのではないだろうか。

　「創造性」があるかどうかは，個人の経験や体験に大きく影響を受けている。これまでの経験や知識を，どのように動きへ取り入れるか。これがダンスにおける創造性であろう。

（津田博子）

第12章 心理アセスメントと技法の理解

1. 心理アセスメントとは

　心理アセスメントとは，心理の評価，つまり面接や心理検査をして対象者の心のありようを測定して特徴を明確にすることである。その内容は，知能，パーソナリティ（人格・性格），不安などの症状や状態，感覚などが対象となる神経生理学的アセスメント，行動がどのように変化したのかを対象にする行動論的アセスメントまでが含まれる。同義のことばに，診断，見立て，鑑定，判定，心理査定などがある。

2. 心理アセスメントの実際

（1）心理検査と性格検査

　性格検査は心理検査に含まれると考えてよい。たとえば，気分を測る心理検査は気分を測定しているのであって性格を測定しているのではないというように，両者の関係やその違いは理解できるであろう。

　心理検査を作成するときに信頼性と妥当性の問題は重要である。検査は同じ人が同じ条件で行ったときには同じ結果でなければならない。この程度のことを信頼性という。実際には同じ人が同じ条件で実施することは困難であるため，同一集団に対して1，2回同じ検査を行うことで信頼性を評価する。また，めざしている測定内容や得点や解釈が忠実に反映されていなければ検査としては成り立たない。このようなテストの得点の解釈とそれに基づく推論の正当性の程度のことを妥当性という。

性格検査には，質問紙法，投影法，作業検査法がある。質問紙法は，あらかじめ質問項目と回答項目が決められた質問紙を用いて実施される。基本的には，回答したものが得点化されるため，それぞれのマニュアルがあれば，専門家でなくてもある程度実施できる。投影法は，絵や図形，文字などの刺激に対して出現する反応に被検査者の内面が投影していると考える。より深層レベルでの理解が期待されるので，実施には十分な知識が必要である。作業検査法は，何らかの作業結果から内面を理解しようというものである。わが国で作業検査法といえば，内田クレペリン精神作業検査法をさすことが多い。

(2) 質問紙法

a．Y－G性格検査

Y－G性格検査（矢田部－ギルフォード性格検査）は，アメリカのギルフォードが考案したギルフォード性格検査をモデルとして矢田部達郎が中心となって作成されたものである。12の下位尺度（表12－1）に対して10問ずつ合計120問の質問項目からなり，それぞれ「はい・いいえ・どちらでもない」の3件法で回答する。下位尺度の標準点からプロフィールが作成され，A型

表12－1　Y－G性格検査の下位尺度

記号	尺度	特徴
D	抑うつ性	陰気，悲観的気分，罪悪感の強い性質
C	回帰性傾向	著しい気分の変化，驚きやすい性質
I	劣等感	自信の欠乏，自己の過小評価，不適応感が強い
N	神経質	心配性，神経質，ノイローゼ気味
O	客観性の欠如	空想的，過敏性，主観性
Co	協調性の欠如	不満が多い，人を信用しない性質
Ag	愛想の悪さ	攻撃的，社会的活動性
G	一般的活動性	活発な性質，身体をうごかすことが好き
R	のんきさ	気がるな，のんきな，活発，衝動的な性質
T	思考的外向	非熟慮的，瞑想的および反省のの反対傾向
A	支配性	社会的主導性，リーダーシップのある性質
S	社会的外向	対人的に外向的，社交性，社会的接触を好む傾向

(Average type：平均型），B 型（Blast type または Black list：情緒不安定不適応積極型），C 型，E 型（Eccentric type または Escape type：情緒不安定不適応消極型）を典型（Calm type：情緒安定適応消極型），D 型（Director type：情緒安定積極型），とする型にあてはめて判定される。

b．MMPI

ミネソタ多面人格目録のことで，ミネソタ大学のハザウェイとマッキンレーによって作られた。550項目の質問からなり，「あてはまる・あてはまらない・どちらでもない」で回答する。実施には45分から90分程度かかり，対象者によっては2回に分けて実施されることもある。MMPIの尺度には，妥当性尺度，臨床尺度，追加尺度がある（表12－2）。なかでも特徴的なものが妥当性尺度

表12－2　MMPIの尺度

	尺　度	内　容
妥当性尺度	？尺度：疑問尺度（can not say scale）	「どちらでもない」と答えた項目数の粗点。多ければ解釈の妥当性が疑わしくなる
	L尺度：虚構尺度（lie scale）	自分を好ましく見せようとする態度の歪みを検出する尺度。高得点は防衛的な態度を示す
	F尺度：頻度尺度（frequency scale）	標準の出現率が10％未満の項目群。検査に抵抗したり，でたらめに答えたりすると高得点になる
	K尺度：修正尺度（correction scale）	精神病理が見られているにも関わらず正常範囲に収まる者を弁別するための尺度
臨床尺度	第1尺度：心気症尺度	精神面を無視する傾向，疾病に対する懸念
	第2尺度：抑うつ尺度	悲哀感，意欲の低下，現状への不満
	第3尺度：ヒステリー尺度	ストレス対処の仕方，自他の感情・行動に対する洞察
	第4尺度：精神病質的偏倚尺度	人・社会・権威に対して反抗する傾向
	第5尺度：男子性・女子性尺度	社会・文化的に作られた性役割（ジェンダー）観
	第6尺度：パラノイア尺度	対人関係における過敏性，猜疑傾向
	第7尺度：精神衰弱尺度	心理的動揺，不快感
	第8尺度：精神分裂病尺度	疎外感，非論理的思考，情緒混乱
	第9尺度：軽躁尺度	活動性，情緒性興奮
	第0尺度：社会内向性尺度	内気，引きこもり，社会参加や対人接触を避ける傾向
追加尺度	自我強度尺度	精神健康度，心理的適応状態全般の指標

である。検査に対する被検査者の態度の歪みを検出するためのものでありながら，臨床尺度と同様に人格・行動特徴に関する情報源としても利用できる。

c．エゴグラム

　エゴは"自我"，グラムは"図"という意味である。エリック・バーンにより考案された交流分析（人間の交流や行動に関する理論体系）のための検査である。交流分析では，人間には5つの自我状態が存在し（**表12-3**），TPO（時，場所，場面）に応じてそのどれかが主導権を取り，その人の典型的な行動を決定すると考える。行動にはその人なりの一定のパターンがあり，それを発見することで人間関係の改善に役立つことができる。また，それぞれ自我状態の高低の組み合わせからエゴグラムパターンが示される。わが国のエゴグラムには，東大式エゴグラムや桂戴作による自己成長エゴグラムなどが存在する。いずれも「はい・いいえ・どちらでもない」で回答する。

（3）投影法

a．ロールシャッハ・テスト

　スイスの精神科医ロールシャッハが作成したものである。ロールシャッハ・テストはインクブロット（インクの染み）テストともいわれるように，無彩色，黒と赤，あるいは複数色で描かれた左右対称のインクの染みのカードを用いる（**図12-1**）。順に提示されるカード（一般的には10枚使用）を見て，それが

表12-3　エゴグラムの自我状態

自我状態		特　徴
P：親（Parent）	CP：厳格な親（Critical Parent）	理想，正義感，責任感，道徳的／非難，強制，干渉，攻撃的
	NP：養育的な親（Nurturing Parent）	思いやり，寛容，許し，慰め／過保護，甘やかし，おせっかい
A：大人（Adult）	A：大人（Adult）	知性，冷静，現実志向，感情抑制／自己中心，人間のコンピューター化
C：子ども（Child）	FC：自由奔放な子ども（Free Child）	天真爛漫，直感力，想像力／衝動的，わがまま，無責任
	AC：従順な子ども（Adapted Child）	我慢，慎重，他人の期待に応える／主体性の欠如，消極的，依存的

何に見えるかを口頭で回答する。その反応から被検査者の欲求，自我機能などのが分析・解釈される。実施手順や分析法（反応の符号化など）にはいくつかの方法があるが，基本原則は同じであり，反応を「視野：どこを」「刺激特性：どのように」「内容：何を見たか」に分けたうえで分析・解釈が進められる。ロールシャッハ・テストは，符号化，分析，解釈が複雑かつ難解であり，実施の際には相当の訓練が必要となる。

図12－1 ロールシャッハ・テストの図版（模造版）

b．TAT

主題統覚検査と訳され，絵画統覚検査とよばれることもある。モーガンとマレーが発表した"空想研究の一方法"がもとになり，現在，わが国では31枚の図版のうち，10枚程度を選んで使用されることが多い（図12－2）。被検査者は描かれた1枚の絵から自由に空想して物語をつくる。図版には白紙の図版も含まれており，その場合には何かの絵を想像して話すように教示される。TATの分析方法にはいくつかの種類があるが，欲求－圧力分析が有名である。欲求は主人公の行動を引き起こす内部からの力，圧力は主人公に働きかける環境から生じる力を意味し，被検査者の欲求－圧力が物語の主人公に投影されていると仮定して分析・解釈される。

図12－2　TATの図版

c．P－Fスタディ

P－Fとは，ピクチャー（絵画）－フラストレーション（欲求不満）のことでローゼンツワイクによって作られた。日常で欲求不満に陥る状況のイラス

トが 24 場面あり，それぞれの場面で当事者はどのように反応するのかを予想して吹き出しの中に書いていく（図12－3）。イラストに登場する人物は表情が描かれていないため，被検査者の反応傾向が登場人物に投影されると考えられる。反応傾向は，アグレッションの3つの型と3つの方向に分類される（表12－4）。

d．SCT

文章完成法，または文章完成検査と訳されている。もともとは言語連想検査から派生したものであり，文章に投影された個人特性からパーソナリティを探り

図12－3　P－Fスタディ（青年用）

表12－4　フラストレーション反応の分類

アグレッションの方向	アグレッションの型		
	障害優位	自我防衛	要求固執
他責的	他責逡巡反応：欲求不満を起こさせて障害の指摘の強調にとどめる反応	他罰反応：とがめ，敵意などが環境の中の人や物に直接向けられる反応	他責固執反応：欲求不満の解決を図るために他の人が何らかの行動をしてくれることを強く期待する反応
自責的	自責逡巡反応：欲求不満を起こさせて障害の指摘は内にとどめる反応	自罰反応：とがめや避難が自分自身に向けられ，自責・自己非難の形をとる反応	自責固執反応：欲求不満の解決を図るために自分自ら努力をしたり，あるいは，罪償感から賠償とか罪滅ぼしを申し出たりする反応
無責的	無責逡巡反応：欲求不満を引き起こさせた障害の指摘は最小限にとどめられ，時には障害の存在を否定するような反応	無罰反応：欲求不満を引き起こしたことに対する非難をまったく回避し，あるときにはその場面は不可避的なものとみなして欲求不満を起こさせた人物を許す反応	無責固執反抗：時の経過とか，普通に予期される事態や環境が欲求不満の解決をもたらすだろうといった期待が表現される反応

当てるというものである。わが国では精研式文章完成法テストが代表的なものである。「子どもの頃私は……」「私はよく人から……」「家の暮らし……」など全部で30の刺激文の後に続く空欄を埋めて文章を完成させる。ここでは，パーソナリティのカテゴリーとして，知的側面，情意的側面，指向的側面，力動的側面（心的葛藤の有無の測定）など，決定因子のカテゴリーとして，身体的要因，家庭要因，社会要因などが取り上げられ包括的に評価される。

e．バウムテスト

コッホによって考案された。バウムとはドイツ語で樹木をさしているので樹木画テストともいわれる。A4サイズの白色紙（画用紙）とやわらかい鉛筆（4B）消しゴムを用意し，「実のなる木を1本描いてください」と教示し，描かれた絵から内的側面を解釈する。分析と解釈は，発達年齢にそった樹木の形態，樹木の各部分の意味，幹の先端の描かれ方の3つの側面による形態分析，どの位置に描かれているのかという空間象徴を中心に行われる。

（4）作業検査法

作業検査法は内田クレペリン精神作業検査に代表される。この検査は，クレペリンの理論をもとに内田勇三郎によってつくられたわが国独自の作業検査法である。頭文字をとってUKと呼称されることもある。検査用紙には，横に並んだ1ケタの数字115字を1行として，"サキ"と書かれている前半部と"アト"と書かれている後半部にそれぞれ17行印刷されている（図12－4）。被検査者は，はじ

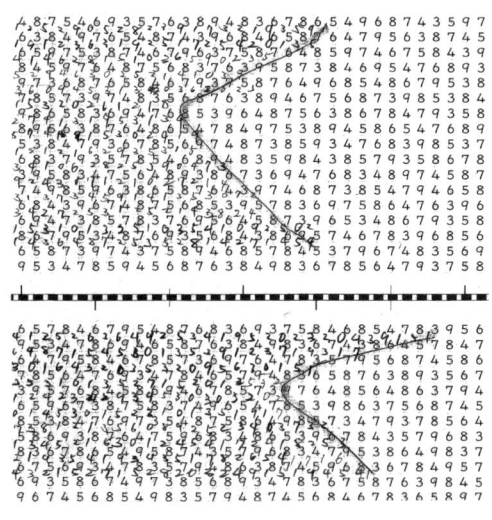

図12－4　内田クレペリン精神作業検査のプロフィール

めの合図とともにできるだけ速く正確に第1行目の左端から右へ向かって隣り合った数字を加算し，一の位の値を数字の間に記入する。1分ごとに行を変える合図がされるので，合図後は直下の行の左端から同じように加算作業を進める。前半15分，後半15分，その間5分の休憩というのが一般的である。分析・解釈は，作業量（正確さも含む）および1分間の作業量を順に線で結んだ作業曲線をもとに行われる。

（5）適性検査

　職業，学業，芸術活動など将来行う可能性がある分野の知識や能力を予測するための検査である。職業適性検査，進学適性検査，音楽適性検査などがありその総称として使われている。視力，聴力などの感覚検査，空間関係把握などの知覚検査，反応速度などの動作検査，記憶，演算などの特殊知能検査も適性検査に含まれることもある。また，自動車の運転免許交付時や公務員採用試験などで内田クレペリン精神作業検査を実施することがある。さらに警察官などの採用試験では各警察本部で独自に作成された適性検査が用いられていることもある。一般企業の就職採用試験として有名なものにリクルート社のSPI系のテストなどがある。

3．心理療法

（1）カウンセリング（来談者中心療法）

　来談者中心カウンセリングを提唱したロジャーズは，カウンセリングを「個人との継続的・直接的接触で，その個人を援助して行動・態度の変容を図る」と定義し，クライエント（来談者）の情緒的側面を重視して内面にある成長・適応への衝動が根本であるという基本的理念を主張した。ここでは，クライエント自身，本当は問題の所存から解決方法まで知っているが，それよりもどうにもならない感情に悩んでいると考えられている。カウンセラーはクライエントの感情に焦点をあて，どのような体験をしたのか，どのような考え方をもっているのかなど理解し共感していくことが重要とされている。

また非指示的カウンセリングともよばれるように，クライエントに対して解決策を直接指示することなく，現在直面している場面や状況に重点がおかれ，どのように行動するのかはクライエント自身が自己決定してカウンセリングのプロセスが進んでいく。

（2）遊戯療法

プレイセラピーともいわれる。子どもの遊びは独自の性格をもっており，子どもの内的世界を表現するのに適していると考えられている。遊戯療法を適用できる子どもの年齢は3，4歳から12歳ごろまでで，それ以上の年齢の子どもには効果が失われる。実施には，誰にも介入されずに自由に遊べる部屋が必要であり，部屋には玩具が備えられる。一般的には，週1回40〜50分間，セラピストは子どもと2人で相当な許容度のなかで遊ぶ。子どもは何をやっても自由で，自分が守られている時間と空間であると確信が得られるようになる。そして，信頼できる人間関係に支えられながらありのままの自分を表現し，自己成長へと方向づけられていく。基本的にはセラピストと子どもとの2人で行うが，集団で実施する集団遊戯療法もある。

（3）精神分析療法

フロイトによって創られた精神分析を用いた心理療法である。精神分析とは人の内部に抑圧されている精神的なものを意識化することであり，それによる心理的効果をめざすものである。一般的には，夢や心の中に浮かぶことを自由に語らせる自由連想法によって得られた資料をもとにする。フロイトの理論で特徴的なものは，心を欲求のイド，欲求が形になった自我，欲求をしつける超自我の3層に分けて考えたこと，性的欲動のエネルギーでさまざまな欲求へ変換可能なリビドーを仮定したことである。

（4）家族療法

個人を互いに影響しあう家族のなかの個人ととらえて，家族集団を対象にして進められる心理療法。現在みえている個人の問題が家族集団のなかでどのよ

うに関連しているのか，そして解決のために家族全員が実際にどのようにかかわっていけばよいのかを知り，治療の目標を定める。ここで定める目標は，家族全員の合意が得られたものであり，それぞれが治療方針に基づいて介入していく。問題のカギとなる家族の主要なメンバーが参加できずに効果が期待できない場合，メンバーのストレスが増大する危険がある場合などには適用できないこともあるので注意しなければならない。

（5）箱庭療法

遊戯療法から派生したといわれている。砂の入った木箱に人形などミニチュアの玩具を自由に並べたり，砂で山を作ったり，砂を掘って海や川を作ったりする非言語的な表現技法である。ローンフェルドの技法をカルフが発展させたものでわが国では河合隼雄が導入した。言語では表せない内的なイメージが表現されることが可能なため，とくにおとなの場合には言語的なやりとりに行き詰まったときに有効である。

（6）コラージュ療法

コラージュとはフランス語で，"糊づけ"を意味する。B4からA3サイズの台紙に，雑誌やパンフレットなどに載っている写真などをはさみで切り取って思いのままに貼りつけていく。もともとは作業療法一種であり，その後芸術療法のひとつとして発展している。わが国では箱庭療法の延長上として使用されるようになった。バウムテストと同じように，空間象徴，つまり台紙のどの位置に何が貼りつけられたのかにより内面を理解しようとする。

（7）SST

SSTは，ソーシャル・スキルズ・トレーニングの頭文字であり，社会的スキル訓練や社会生活技能訓練，あるいは生活技能訓練などと訳されている。対人関係や行動のつまずきの原因を社会のなかで生きていくための技術の欠如，つまり社会的スキルの欠如としてとらえ，社会的スキルを積極的に学習して問題の改善めざしていくものである。個人の行動や情動，考え方の問題を治療対

象にした認知行動療法のひとつと位置づけられており，効果が実証されている諸技法を組み合わせて行われることが多い。SSTは医療機関だけでなく，福祉作業所，矯正施設などでも実践されている。

4. 心理技法の理論を役立たせるために

　体育教師は生徒指導担当を兼ねることも多い。これまで述べた心理検査や技法を用いるためには専門的な知識を必要とするが，児童生徒を理解するための接し方のヒントを心理技法の理論のなかに見つけることができるであろう。たとえば，児童生徒を呼び出して話をする場合の多くは，問題行動に対し注意するためかもしれない。一方的な説教で終始してしまうよりは彼らの言い分にも耳を傾け，対話・会話をすることで生徒指導が有意義なものになるであろう。そのためのヒントのひとつに来談者中心カウンセリングがある。児童生徒に反省を促すことだけではなく，彼らの感情や問題行動に至るまでの内的な過程に焦点をある。彼らが話しているときには，あいづち，うなづき，くり返しや共感などを用いる。相手が安心して話せる状況をつくることで，多方向から児童生徒理解を試みることも可能である。

【参考文献】
上里一郎（監修）　心理アセスメントハンドブック　西村書店　1993
松原達哉（編著）　最新心理テスト法入門―基礎知識と技法習得のために―　日本文化科学社　1995
内村喜久雄・高野清純・田畑治　講座サイコセラピー1　カウンセリング　日本文化科学社　1984
高野清純　講座サイコセラピー6　プレイセラピー　日本文化科学社　1988
村上正人（監修）　自己成長エゴグラムのすべて―SGEマニュアル　チーム医療　1999

勝つために必要な心理的能力

　スポーツに必要な心理的能力は，以前は「精神力」とか「根性」といったことばで表されていたものであり，苦しい練習に耐えればそれについてくると考えられてきた。かつて東京オリンピックで日本女子バレーボールチームを金メダルに導いた大松博文氏は，選手をしごきにしごき，「鬼の大松」と異名をとった。大松監督はまさに日本の伝統的な手法で選手の技術，体力とともにみごとな「精神力」を育て上げ，「東洋の魔女」といわれるほどの素晴らしいチームをつくったのであった。

　現在ではこの「精神力」の中身を具体的にとらえようとする試みがなされている。「精神力」とは，何か。ある者は集中力と答え，ある者は忍耐力ととらえた。そういったデータをとりまとめ，徳永幹雄（1993）はスポーツ選手に必要な心理的能力のそれを5因子12尺度を導き出し，「心理的競技能力」とよんだ。この5因子とは，①競技意欲（忍耐力，闘争心，自己実現意欲，勝利意欲），②精神の安定・集中（自己コントロール，リラックス，集中力），③自信（自信，決断力），④作戦能力（予測力，判断力），⑤協調性である。そこからさらに心理的競技能力診断検査（現在では DIPCA.3）を作成し，自己採点，自己評価ができるようになり，勝つために自分はどの要素を高めなければいけないのかを理解し，その対策に取り組めるようになったのである。最終的には，競技中の理想的な状態，すなわち「身体はリラックスしていながら，自信に満ち，集中力がみなぎっている状態」をめざすのである。

　現在，日本スポーツ心理学会では，このメンタル面の指導者の資格制度をつくっており，有資格者はスポーツメンタルトレーニング（SMT）指導士とよばれている。今では，全国でSMT指導士が中心となり，選手へのメンタルサポートがなされ，その活躍が期待されている。

（佐々木史之）

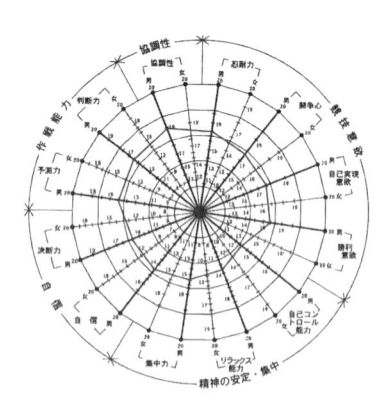

心理的競技能力診断検査（DIPCA.3）の尺度別プロフィール
（日本スポーツ心理学会編『スポーツメンタルトレーニング教本改訂増補版』より）

第13章

学校と相談活動の理解

1．学校の組織

(1) 学校を取り巻く問題・課題

　近年，学校を取り巻く問題が多様化，複雑化している。具体的には，①小・中学校における不登校の児童生徒数が増加傾向にある，②高等学校の不登校生徒数や中途退学者数が高い水準で推移している，③小・中・高等学校における暴力行為の発生件数が多い傾向である，④小・中・高・特別支援学校におけるいじめの認知件数が高い水準で推移している，⑤いじめにおいてもインターネット上の誹謗中傷などが増えている，⑥小・中・高等学校での自殺した児童生徒の背景にいじめ問題がみられる，などが挙げられる。

　これらのことは，憂慮すべき問題であり，学校教育において大きな課題でとして挙げられる。とくに「ネットいじめ」などの新しい問題を解決しなければならないのと同時に，これらの課題に対して効果的に対応するためには，外部の専門機関や専門家と連携をとりながら，学校内においての教育相談活動の充実を図り，児童生徒がさらに充実した学校生活を送ることのできる体制が求められている。

(2) さまざまな問題・課題に取り組むための学校の組織

　現在の学校組織は，さまざまな問題・課題に対応するため，校長のリーダーシップのもとで，複雑な組織体制になっている。図13－1のようにそれぞれの問題・課題に取り組むように，部や委員会が組織されている。また同時に，外部の意見を聴くために学校評議員会が設けられている。教育相談に関連して

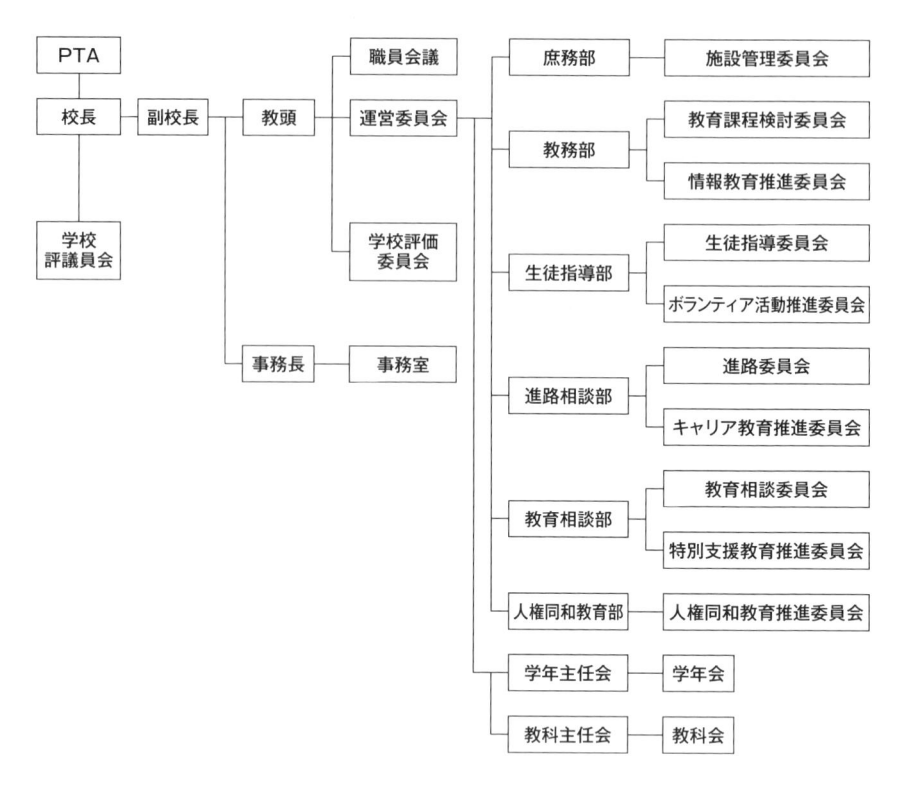

図13－1　学校の組織例

は，多くの学校で教育相談部や教育相談委員会などが組織され，外部の専門機関や専門家との連携・協力を行っている。ケース会議等も頻繁に開かれている。

　学校組織は，校長によって組織されるため，学校間に組織の違いがみられるが，教育相談の位置づけに関しては学校内だけではなく，できるだけ学校外との連携・協力がとりやすい組織編成が望まれる。

2．教育相談にかかわる人々

（1）保健室（養護教諭）の役割

　保健室は養護教諭によって運営されており，学校においては保健活動の一環

としての保健相談を行っている。本来，保健室は教育相談機能を期待されているわけではないが，緊急退避や保健相談などの形をとりながら，教育相談の目的にかなった機能を発揮しているケースも多く見受けられる。

(2) スクールカウンセラー (SC)

　近年のいじめの深刻化や不登校児童生徒の増加などのさまざまな問題を背景に，学校におけるカウンセリング機能の充実を図るため2000（平成7）年から，スクールカウンセラーを全国の学校に配置してきた。スクールカウンセラーとは，カウンセリングなどをとおして子どもたちが悩みや抱えている問題を解決に向けて支援する人のことである。主にスクールカウンセラーは非常勤職員として学校に派遣されているが，学外の専門家という意識のもとで学校との協力・連携をしている。

　また自治体によっては，スクールカウンセラーに準ずる者として，心の相談員を置いている学校も存在する。

(3) スクールソーシャルワーカー (SSW)

　スクールソーシャルワーカーとは，子どもや子どもを取り巻く環境に働きかけ，家庭や学校，地域社会の橋渡しを行うことをとおして，子どもたちの悩みや抱えている問題を解決に向けて支援する人のことである。一部の地方自治体では，福祉の専門家であるスクールソーシャルワーカーを学校で活用する取り組みが行われていたが，2008（平成20）年から国において「スクールソーシャルワーカー活用事業」がスタートし，新たに社会福祉士や精神保健福祉士の資格を有する者や，教育と福祉の両面に関して専門的な知識・技術を有し，その分野の活動経験実績がある者をスクールソーシャルワーカーとして任命している。

　スクールソーシャルワーカーとしての職務は次のようなものが挙げられる。
①問題を抱える児童生徒が置かれた環境への働きかけ
②関係機関等とのネットワークの構築，連携・調整
③学校内におけるチーム体制の構築，支援

④保護者，教職員等に対する支援・相談・情報提供
⑤教職員等への研修活動

　スクールソーシャルワーカーは，学校においてソーシャルワークの視点・方法論に立って活動を行う。ソーシャルワークの視点とは，問題を個人と環境の不適合状態としてとらえ，個人に働きかけようとするだけでなく，環境や個人と環境との関係にも働きかけを行うという視点である。

　また，スクールソーシャルワーカーは，アセスメントやプランニングを行い，ケース会議に出席して問題事例の検討に参加する。アセスメントとは「見立て」といわれ，周囲の関係者の情報などから，なぜそのような状態に至ったのかを探ることである。アセスメントを行うことにより，本人や家族のニーズを理解することも可能となる。

　一方でプランニングは「手立て」といわれ，アセスメントに基づいて，ケースに応じた目標と計画を立てることである。さらに，ケース会議とは「事例検討会」や「ケースカンファレンス」ともよばれ，問題や課題のある事例を深く検討することによって，状況の理解と対応策を考える会議のことである。

　これからは，教師もスクールソーシャルワーク的視点をもち，外部の専門家と協働して学校にソーシャルワークを定着させることが課題である。

3．生徒指導

（1）生徒指導とは

　生徒指導とは，児童生徒が主体的かつ自発的に自分の課題に取り組みながら自分を成長させていくプロセスを教師が支援することである。そして，そのプロセスにおいて，児童生徒が集団や社会の一員として自己実現に向かって生きていくおとなへと成長するように促す働きかけである（図13－2）。

　具体的に生徒指導とは，学校内のさまざまな場面において教師が児童生徒に何気なく行っている働きかけである。たとえば，登校時や授業では，あいさつを促すことや授業中に着席すること，正しい姿勢で学習することなどが挙げられる。

図13－2　児童生徒に対しての生徒指導の目的

社会に受け入れられる自己実現
社会的資質・社会的能力を生かしながら自己実現を図り，自分の幸福や社会の発展を求めるおとなになること

↑

社会性の育成
児童生徒が自分から社会的資質を伸ばすとともに，より社会的能力を獲得していくこと

↑

生徒指導の実践
さまざまな学校場面で，教師が「社会に受け入れられる自己実現」に向けての成長を促すことや「社会性の育成」が実現できるような支援を行うこと

図13－3　学校活動の各分野における生徒指導の働きかけの実際例

道徳教育
〈例〉言動や生活態度をより好ましいものにするよう問いかけて見つめ直させる

特別活動
〈例〉同年齢・異年齢の友達や異なる世代の人と積極的に交流できる機会を与える

キャリア教育
〈例〉自分の生き方や将来の職業などについて向き合って考えるよう示唆する

特別支援教育
〈例〉他人に迷惑をかける行為を心ならずも行う児童生徒に向き合い，うまく適応が図れるように配慮する

教育相談
〈例〉悩んだり，人間関係に傷ついた児童・生徒を受け止めて，次の一歩を踏み出せるように支えていく

問題行動への対応場面
〈例〉他の児童生徒の学習を妨げたり，学校等の約束を守らなかった場合は厳しく注意をして，悪いことであることをきちんと伝える

　さらに，道徳教育や特別活動，キャリア教育，特別支援教育，教育相談の場面での児童生徒への働きかけも生徒指導に含まれる（図13－3）。

　わが国の学校教育において，教師が生徒指導の働きかけを行うことが普通の出来事のように考えられてきた。しかし，教師が児童生徒に対して計画的かつ意図的に生活指導が行われているか，また，そのような生活指導ができるような体制が学校に備わっているかどうかが重要である。

すなわち，学校で生活指導の成果を現すためには，次の点に気をつける必要がある。
① どのような児童生徒へと育てたいのか，どう働きかければ望ましく成長・発達していくと考えられるのかを明確にして，実現するような働きかけを計画的に行う。
② 同時に，臨機応変の働きかけについても，同じ方向性のなかで指導していくように意図的に行っていく。
　生徒指導で求められるのは，児童生徒の実態をふまえた生徒指導の計画性や意図性を加味して，その学校の教育課程を編成していくことである。

4．教育相談

（1）教育相談とは

　教育相談とは，学校教育における教育上のさまざまな問題に対して，教師やカウンセラーなどの専門家が行う相談面接活動のことである。教育相談の対象者は，悩みを抱え，問題解決を要する幼児や児童生徒であるが，場合によっては対象者の保護者や担任教師などを対象とすることもある。
　またその目的は，健常児に対する教育指導のための教育相談と適応指導・矯正指導のための教育相談の2つがある。

（2）わが国の教育相談の歩み

　わが国における教育相談の発祥は，1917（大正6）年，久保良英が設けた児童教養研究所で行った教養相談である。その後各地に広まり，とくに1931（昭和6）年以降，東京文理科大学（旧：東京教育大学，現：筑波大学）をはじめ，各教育機関に教育相談に関する研究所や相談機関が設置された。第2次世界大戦後は，各地方自治体などに教育相談機関が設けられた。さらに，教育相談は1955（昭和30）年ごろから，ロジャーズの非指示的カウンセリングを理論的なよりどころとして，治療的な活動の個人カウンセリングが展開されてきた。
　ロジャーズは後の来談者中心療法を提唱した人物であり，人間が本来もって

いる成長を信じて自分が自分自身になるための理論をつくったのである。そのようなカウンセリング理論が，この時期の日本では主流であった。1965（昭和40）年ごろには，生徒指導の一翼を担うことで教育相談の認識も高まり，かなり充実したが，反面，一部に誤解も生じた。1972（昭和47）年には，教育相談を学校におけるカウンセリングと位置づけ，教師が学校組織の中の教育相談係として活動をはじめている。生徒指導と教育相談は結びつきが強いため，学校によっては生徒指導の中に教育相談が組み込まれているところもあった。時代の変化とともに学校を取り巻く問題が複雑化し，教師の教育相談活動をより効果的にするために，2000（平成 7）年には外部の専門家との連携を模索する意味も含めてスクールカウンセラー（SC）の配置がはじまった。

（3）現代の児童生徒を取り巻く状況

現代社会において，物質的な豊かさや高度情報化，都市化，少子高齢化，核家族化，共働きなどへの大きな変化にともなって，家庭の教育力・養育力や地域の包容力の低下が著しくなっている。それらのことがさまざまな問題を引き起こすきっかけとなり，児童虐待の深刻化や人々のコミュニケーションの不足を生じさせて，児童生徒の成長発達にも大きな影響をおよぼしている。そして，児童生徒の抱える問題も多様化，深刻化する傾向がみられ，彼らを取り巻く環境が複雑になっている。

このようなことから，ますます学校における教育相談の役割が期待されると同時に充実を図る必要が出ている。とくに多様化，深刻化した児童生徒に対するさまざまな問題に対して学校が対応しなければならない状況が増加し，教師への負担感や勤務時間が増大している。本来であれば大切にしなければならない児童生徒一人ひとりと向き合う機会が減少している実態があり，児童生徒や教師に過大なストレスがかかっている。

（4）求められる教育相談のあり方

児童生徒が抱えるさまざまな悩みに対して，教師と気軽に相談できる体制をつくり，きめ細やかな対応を行うためには，学校のなかで教師だけの相談体制

を整えるのではなく，児童精神科医や小児科医，大学教員，スクールソーシャルワーカー（SSW），法律家，スクールカウンセラー（SC）など，多様な専門家の支援を受けながら相談体制を確立していく必要がある。なぜならば，現代では児童生徒が直面するさまざまな問題は，保護者と教師だけでは解決できないケースが増加しているからである。

（5）教師の教育相談への取り組み

「教育相談は，一人一人の生徒の自己実現をめざし，本人又はその保護者などに，その望ましい在り方を提言することである。その方法としては，1対1の相談活動に限定することなく，すべての教師が生徒に接するあらゆる機会をとらえ，あらゆる教育活動の実践の中に生かして，教育相談的な配慮をすることが大切である」（『中学校学習指導要領解説特別活動編』，2000）とあるように，全教師が児童生徒に対して日常の学校生活のさまざまな機会をとらえ，教育実践の中に生かした教育相談に取り組む必要がある。

　また，各学校で教育相談活動を組織的に行うためには，各学校長のリーダーシップのもとで学校全体が一体となって実施していくことが大切であり，教師全員が教育相談活動を行っていくという意識が重要である。

　そのためにも，教師一人ひとりに対して，日ごろから教育相談研修などを通じたカウンセリング技能などの訓練が求められている。

（6）教育相談担当教師の役割

　各学校において質の高い教育相談を行う際には，校内や校外の専門機関や専門家との連絡・調整にあたるコーディネーターとなる教師が必要となってくる。
　コーディネーターには，以下のような役割が存在する。
①児童生徒や保護者に対する教育相談
②児童生徒理解に関する情報収集
③事例研究会や情報連絡会の開催
④校内研修の計画と実施
⑤教育委員会や学校外の関係機関との連携のための調整および連絡

教育相談担当者は，たとえば養護教諭や特別支援教育コーディネーターが担当するように，それぞれの学校の実情に応じて柔軟に担当者を置くことが求められる。また，学校内で教育相談担当者を決める際には，教育相談が学校の基盤的な機能であることを認識し，カウンセリングなどの研修や講習会を受けた教師，教育相談の経験や専門知識がある人を選任していくことが必要である。

5．教育相談の実際

（1）教育相談の事例

　児童生徒の悩みは教育相談に寄せられることが多い。それでは，実際にどのような悩みなのであろうか。実際の教育相談の事例を1事例を紹介しよう。

対象　中学校3年生男子
問題の概要　中学校に入学後，すぐにバイクの窃盗，無免許運転，住居不法侵入，喫煙，万引きなどの問題行動があった。授業中に出歩いたり，学習者の邪魔をして教師からの注意が絶えなかった。警察や児童相談所と連携している。
校内では，SCや生活指導担当教師と連携・協力している。
家族構成・家族環境　父，義理の母，実兄，義理の弟，本人の5人家族。義理の母は義理の弟のみをかわいがり，本人には食事をつくらない，洗濯しないなど，親らしいことはほとんどしていないとの情報であった。小学生のときから問題行動がみられた。他人の家の池の鯉を殺してしまうということもあった。
家族の様子　家庭とよべるような環境ではないが，兄がよく面倒をみてくれた。兄と本人とは仲がよく，兄は本人をよく理解してくれる人物であった。しかし，兄は別住所に住んでいる。本人は何日も家に帰らず，友達の家に泊まったり，夜間徘徊をしている。

　実際に，このような教育相談が教育相談センターなどに寄せられる。教師の立場で教育相談に担当すると，本人にはカウンセリングマインドをもって信頼関係を築くことが基本である。さらに，一方で断固として許せないことをしっかりと伝えていく態度も必要となる。また，他の専門家と連携・支援をしていくことが求められる。

教育相談を担当する教師として，たとえばベックが創案した認知療法のようなセラピー，カルフがユング心理学の考え方をもとに発展させた箱庭療法，フロイトやユングの精神分析学の考え方を学んでおくことなど，多くのカウンセリング理論に触れることも必要である。

(2) モンスターペアレント

学校が保護者との関係を悪くして保護者から苦情が寄せられるようになり，やがて教職員が対応に追われて疲弊していくという現象が各地の学校で起こるようになった。これはモンスターペアレントといわれる保護者のクレーマーが起こす問題であるが，大きく分けて自分の子どもさえよければと思い苦情を言う保護者と病的な問題を要因とした保護者に分けられる。

とくに病的なモンスターペアレントは，専門家でも対応が難しく，個人で対応するのではなく学校組織全体や教育委員会を巻き込んで対応すること，必ず記録を取るなどの方策を考えておくことが必要である。

(3) 専門機関との連携

学校が外部の専門機関と連携することは，機能的な教育相談体制を築くために必要不可欠である。外部の専門機関は，その領域ごとにネットワーク化しており，学校もそのネットワークのなかに加入することが求められる。各領域での専門機関例は，**表13-1**のとおりである。

これらの専門機関は，来所による対面的な相談のほかに，相談者のニーズに

表13-1 学校が連携を図る専門機関の例

領域	連携機関の例
教育	教育委員会，教育事務所，教育センター，適応指導教室など
福祉	児童相談所，福祉事務所，市町村，民生委員・児童委員など
保健	保健所，精神保健福祉センター，保健センターなど
警察	警察署，少年サポートセンターなど
その他	家庭裁判所，少年鑑別所，保護観察所など

合わせて電話相談や電子メールによる相談が行われている。学校は教育相談活動をよりいっそう充実させるためにも，学校の周辺地域にどのような専門機関があるのか，その機関がどういった相談サービスを行っているのかを把握しながら，それらの専門機関とどのように連携することが教育相談体制の確立に寄与できるのかを考えることが重要である。

【参考文献】
内山喜久雄（編著）　臨床教育相談学　金子書房　1996
長田久雄（編著）　臨床心理学30章　日本文化科学社　2006
山脇由貴子　モンスターペアレントの正体―クレーマー化する親たち―　中央法規　2008

スポーツとハラスメント

「運動を教えるということは，ものづくりではなく人づくりである」。これは，筆者が体育教諭をめざしていたころに恩師に授かったことばである。「運動（スポーツ）」を単に体というものの行為としてとらえるのでなく，心の面も含めた「その人そのもの」の表れととらえたことばであるといえよう。

ハラスメントとは，優越した地位や立場を利用した嫌がらせのことをいう。もちろん，ものではなく人に対する人の行為である。ただし，表面上は人から人への行為であるが，心理的現象としては人からものへの行為と考えることもできるだろう。

スポーツ現場のハラスメントには，スポーツの特徴でもある「肉体的鍛錬」と「競争」が強く影響している。心身一如の考え方からすれば，肉体的鍛錬は，心も鍛えている。しかし，スポーツ現場では体の面ばかりに意識が向けられ，心と体の乖離により苦痛などを乗り越える場面も見受けられる。「辛いと思うから辛いんだ」といった発言は，心を取り払えということをさしているのだろう。また，競争とは本来，他人と自分をくらべることにより，自分と他人との違いである個性を見出すことにもつながる重要な要素であるが，スポーツ現場では，競争により生じる結果に目が向けられることがほとんどである。「優勝しなくては意味がない。2位以下はすべて一緒」などの考え方はその典型といえるだろう。

指導者が選手の個性を育むのではなく，指導者自身が思い描く理想に目の前の選手を当てはめようとすると，その選手は指導者のものと化してしまう。指導者がその優越に心を奪われると，選手がその場の競争のなかで結果を出すためだけのものとして扱われるようになり，ハラスメントを引き起こすことにつながる。肉体的鍛錬による運動の上達は心も成長させる。その過程では，精神的限界を超越し体を最大限に追い込むことも必要であるが，それは選手自身が主体性をもって行うことが望ましい。

運動指導において，指導者は選手のことを自分と同じく他に2つと存在しない「個性ある人」としてとらえなければならない。そして，選手自身が肉体的鍛錬を通じて体も心も育んでいけるよう援助し，競争を通じて見出される選手の個性に目を向ける姿勢が必要であろう。

（秋葉茂季）

第14章 学級づくりと仲間づくりの理解

1. 学級づくりの意義

　学校教育の目的のひとつは，子どもたちの社会性を養うことにあるといってもよいだろう。アリストテレスは，「人間は社会的動物であり，生涯をとおして人間関係を構築していかなくてはならない存在である」といっている。学校教育は社会性の確立の一部を担っており，それは家庭や塾などでは代用することのできない重要な責務である。学級内での子ども同士の関係や教師との関係は，子どもの学習態度や成績に大きな影響を与えることが知られている。つまり教師にとっては教科をどのように教えればよいのかということだけではなく，どのように学級を運営していくのかが重要なことになる。

表 14 − 1　グループアプローチ特有に認められる効果 (野島一彦による)

項　目	内　容
愛他性	他者を温かく慰めたり適切な助言をすることで，**他者を助けることができる喜び**によって，安定感・生活意欲が高まる
観察効果	他者の言動を見聞きするなかで，自分のことを振り返ったり見習ったりする
普遍化	他者も自分と同じ問題や悩みを持っていることを知り，**自分だけが得意でない**ことを自覚し，気が楽になる
現実吟味	さまざまな**解決方法を試行錯誤**しつつ学ぶことで自信を持つようになり適応能力が高まる
希望	**他者の成長を見て**，自分自身も将来に向けて希望を持てるようになる
対人関係学習	**話したり聞いたり**することを通して，自己表現能力や感受性が高まる
相互作用	グループとメンバー，メンバー同士で**お互いに作用し合う**
グループ凝集性	グループとしての**まとまり**が相互の援助能力を高める

教師はすべての子どもに情報が同じように伝えられると思いこんではいけない。自分が子どもだったときのことを考えてみよう。好きな教師のことばは素直に自分の耳に入ってきたかもしれないし，尊敬する部活動の先輩の身振りや手振りを真剣に追ったかもしれない。同じことを言われても素直に受け止めることができることもあれば，納得するまでに時間がかかることもあったかもしれない。学級づくりはいろいろなことが重なりあって成立するものである。表14－1は野島一彦によってまとめられたグループアプローチによる効果である。これによると幅広い集団学習の効果が認められる。

（1）集団とは

まず，集団の概念について考えてみよう。集団とは，2人以上の人間が社会的に何らかの意味のある共通の特徴を有しているときに構成される。たとえば家族もひとつの集団であるし，学級も集団として考えられる。

一般に，集団の種類は，大きく2つに分類される。社会学者クーリーによると，第一次集団とは直接的な接触にも基づいて構成され，構成員が互いに親密な関係を維持している集団のことである。家族や友達関係などはこの分類に当てはまるとされる。それと比較して，第二次集団とは人為的あるいは間接的につくりだされた集団で，例としては国家や政党などである。

表14－2は集団の特徴をまとめたものである。学校も学級も人為的につく

表14－2　第一次集団と第二次集団の特徴

項　目	特　徴	
	第一次集団	第二次集団
関係の質	関係志向性	目的志向性
関係の期間	長期	比較的短期だが長期にわたる場合も
関係の内容	多岐にわたる	特定の内容に絞られる
コミュニケーション	非形式的	形式的
集団の大きさ	比較的小さい	比較的大きい
集団の目的	集団自体が目的	集団は他の目的を達成するための手段

られた集団であるため第二次集団である。しかし，学級内の友達関係は親密な関係を保持しているので第一次集団とみなされる。児童生徒数の少ない学校では，学級が同時に第一次集団と第二次集団の両方の用件をもつことがあるかもしれない。そして集団内での影響は，第一次集団がより親密な関係に基づくものであるから，第一次集団内での人間関係の影響の方が大きいと考えられる。すなわち学級づくりのひとつの目標として，学級を第一次集団に昇華させることが挙げられるかもしれない。しかし，すべての児童生徒に他者との友達関係を築くことを強いるのは現実的ではなく，本来の目標は，子どもたちそれぞれが各自の個性を認め尊重することができる第二次集団を成立させることであろう。

（2）集団の効用と特徴

　集団で学習する理由は，教師と児童生徒の数を同じ割合にすることができないという便宜的，実際的なものだけでなく，集団で学習することで効用があるという積極的な意味合いもある。一般的に知られているのが，オルポートによって提唱された社会的促進とよばれる現象である。これは，他者がそばにいることによって個人で課題を遂行する場合よりも成績や遂行量が増加することをさしている。その後の研究では，反対に他者の存在が課題の遂行量の低下を招く社会的抑制という現象が起きることも知られている。
　一般に，すでに学習済みである課題や簡単な課題の場合に社会的促進が起こり，未学習の課題や難解な課題の場合に社会的抑制が起こるといわれている。これらの効果は，実際に他者が同じ課題をしているときに起きるだけでなく，単に他の人に見られるだけでも起きることが知られている。後者の場合を観察効果ともいう。つまり，この効果は競争原理によって起きるのではなく，見られることによって覚醒水準が上がったり，動因水準が高まったりすることで生じるものだと考えられている。それが簡単な課題の場合にはプラスに生じ，難しい課題の場合にはマイナスに働くのである。これらの現象は，すべての人が少なくとも一度は経験しているだろう。1人で勉強していてもモチベーションが上がらないので，図書館や喫茶店に行ってモチベーションを上げようとする

のも社会的促進の一例である。

　これ以外にもさまざまな集団の効用が存在する。まずモデリングによる間接的な学習効果が挙げられる。モデリングとは他者の行動を観察し模倣することによる学習方法である。たとえばクラスメートの行動を観察したり，部活動で先輩の行動を模倣することによって，直接的に指導されなくても子どもたちはある種の技能を学びとっていく。バンデューラの実験によると，モデリングは攻撃性などの負の行動でも起こるため，学級内でポジティブな環境をつくり上げていくことが大事である。

　次に，集団の効果としては社会規範の影響が考えられる。ある価値やルールが集団内で共有されると，それが社会規範として集団成員の行動に影響をおよぼすのである。たとえば，学級で「一年間誰も遅刻をしない」という目標を定めると，そのルールを破ることは学級全体をがっかりさせることになるので，それがプレッシャーとなって全員が遅刻しないように心がけるようになる。またこのような明確なルールでなくても，他の人に親切にするとか授業中に率先して発言をするなどといった規定のない行動にも，社会規範は影響を与える。教師が「この学級では互いに親切であること」が大切な規範であると浸透させることができれば，いつもそのことを強調しなくても児童生徒は自然に規範に従うのである。また，このような他者の行動の影響は多くの場合無意識的なものであることも知られている。

　誰でも，人のあくびを見た後にあくびをしてしまったという経験があるだろう。チャートランドとバージの実験によると，被験者は実験中に実験者が足を振っていると足を振り，顔を触ると顔を触る傾向があることが確認されている。実験中にこの現象がどれくらいの頻度で起きるかが他の実験者によって記録されているのだが，ほとんどの場合，被験者はこれらの行動が自分にうつってしまったことに気づいていなかったと報告している。すなわち他者の行動が無意識のうちにうつってしまったということになる。この現象を社会心理学では「カメレオン効果」とよんでいる。もちろん意識的に他者の行動を見ることで動機づけが高まることもあるが，多くの場合モデリングや社会規範が意識下のレベルで生じていることも事実である。

（3）集団凝集性

　他者の行動や社会規範の影響を考える際の重要な要因のひとつに集団凝集性がある。フェスティンガーによると，集団凝集性とは集団成員をその集団に留まらせる魅力の総和のことである。学級内で子ども同士の仲がよかったり，教師と子どもたちの関係が良好の場合には集団の魅力が高いということであり，集団凝集性が高まっていると考えられる。集団凝集性の高いグループでは，個人が集団に対して同一視する傾向が強まるともいわれている。これは部活動ではチームワークとも考えられ，チームワークのよいグループはモチベーションが高く，互いに助け合う傾向があるといえる。すなわち，集団に同一視している個人はより集団内の他者の影響を受けるだろうし，集団で共有されている社会規範に従うであろう。つまり教師には集団の凝集性を高める努力が求められている。集団凝集性には対人凝集性と課題達成的凝集性があり，運動会や合唱コンクールなどの学校行事は後者の凝集性を高めるのに重要な役割を果たしている。目標をもってグループ内で協同し，他のグループと競争することは集団凝集性を高める。また前者の対人凝集性も集団を形づくるうえで大事な機能を果たしている。円滑な人間関係は円滑な情報伝達をもたらし，子ども同士がいろいろな面で助け合う結果となるであろう。つまり第二次集団である学級であっても，そのなかでの仲間づくりには重要な意味があると考えられる。

　よりよい環境を整えることも社会規範の影響力を上げるのには重要な要素である。チャルディーニらの実験では，ゴミで汚されている環境ときれいに保たれている環境があった場合，他者の行動にまったく反対の影響をおよぼすことが見出されている。すでに汚され

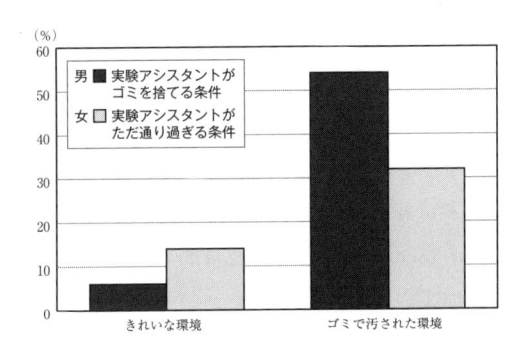

図14－1　社会規範のゴミ捨て行動に対する影響
（チャルディーニによる）

ている環境で誰かがゴミを捨てると，それを見た他の人も同様にゴミをその環境に投げ捨ててしまう傾向があるのに対し，きれいに保たれている環境での他者のゴミ捨て行動は，反対に投げ捨てを抑制する傾向が生じるのである（図14－1）。すなわち，きれいに保たれている環境ではゴミを捨てないという社会規範が成立しており，ゴミ捨て行動はその規範を犯したことになる。反対にゴミで汚されている環境ではゴミを捨ててもよいという規範が成立していることになる。この実験は環境の統制の重要さを物語っており，学級運営や部活動の運営をしていくうえで示唆に富んでいる。

2．学級集団の理解

　学級を運営していくうえで大切なことのひとつは，学級の状態を把握することである。問題の端緒を突きとめない限りその問題にどう対処してよいかがつかめないのが一般的である。もちろん問題が起こる前の予防のためにも学級の状態を把握していくことは大切である。

（1）ソシオメトリー

　代表的なものとして，ソシオメトリーに基づいたソシオメトリック・テストが挙げられる。ソシオメトリーは，モレノによって提唱された集団の心理的特徴を理解するための理論であり，集団成員の心理的・感情的な要素に着目し，集団の構造や各人の集団内での位置を数量的に把握することを目的としている。ソシオメトリック・テストは，「選択」と「排斥」という

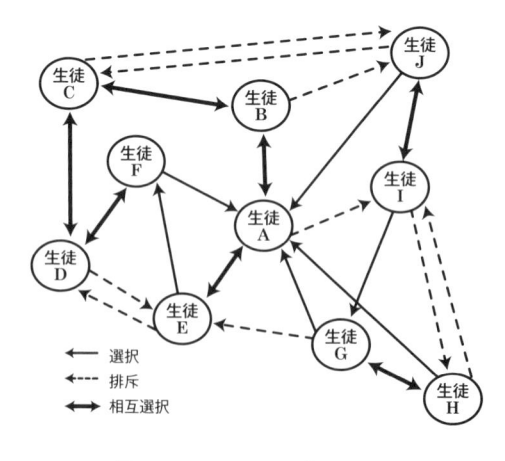

図14－2　ソシオグラムの例

2つの軸をもとに質問を作成して集団の構造を探っていく。たとえば、「誰と一緒に活動したいか」「誰と一緒に活動したくないか」「誰がクラスのみんなから人気があるか」といった質問に対して、学級の子どもの名前を記入してもらう。そこで挙げられた個人名の頻度により、学級内での集団成員の立場が浮きぼりになる。それを図表化したものをソシオグラムとよぶ（図14－2）。実施するうえで留意しければならない点は守秘義務を徹底することである。排斥の項目で選ばれた子どもに対する配慮のためにもこの点の倫理的配慮は欠かすことができない。

（2）Q－U（Questionnaire－Utilities）検査

　これは、実践的に教育現場で使いやすいように配慮して作成された心理検査である。この検査は現場で幅広く使用されており、数万人のデータをもとに妥当性が確認されている。小学校低学年用から高校生用までいくつかの種類が用意されている。検査の目的は、いじめの被害にあっている子どもや不適応な子どもをスクリーニングすること、学級集団の全体像を把握することなどである。主な特徴としては短時間で実施できること、心理学の知識を要せずに実施できること、検査を受ける子どもの自尊心を傷つけない質問内容で構成されていることなどがある。

　理論の背景となっているのはマズローの欲求階層説で、その階層で中位に位置する所属欲求と承認欲求に焦点が当てられている。Q－U検査は学級満足度尺度と学校生活意欲尺度という2つの下位尺度に分かれている。学級満足度尺度では、子どもにトラブルやいじめなどの不安がなくリラックスできているか（非侵害得点）、子どもが他者から受け入れられていると感じているか（承認得点）を把握することができる。これらの得点をもとにQ－Uプロット図を作成することができ、個人の状況や学級集団としての全体像を把握することができる。学校生活意欲尺度では、友人との関係、学習意欲、学級や教師との関係などを把握することができ、それをもとに個人の状況や総括した学級全体の意欲のレベルを理解することができる。

　図14－3では、右上の座標軸に得点が位置する子どもは承認得点が高く非

侵害得点が低くなっており，満足群としてとらえることができる。こうした子どもは仲間の間でも教師との関係でも対人関係が良好で，集団活動や学校生活に意欲的に取り組んでいる望ましい状態であるといえる。右下に位置する子どもは非承認群である。非侵害得点は低く友人から嫌なことをされていることはないものの，承認得点も低く周りから認められているという経験が少なく個別のケアが必要となってくる。左上に位置する子どもは侵害行為認知群である。いじめなどを受けてはいないものの，友人から受け入れられているという実感もないので，この群の子どもも個別的な指導が必要となってくる。得点が左下の象限に位置してもやや中央よりの子どもは不満足群である。このような子どもは学級内で嫌なことをされたり，また友人から認められていないと感じており不登校のリスクが高く，個別的な支援が必要である。得点がさらに左下に位置する子どもは要支援群であり，いじめ被害や不登校になる可能性がきわめて高く，早急な支援が必要である。

　またこの検査は，個別的な生徒の状態の解釈だけではなく，学級全体の分布を見ることによって学級の状態も把握することができる。つまり多くの子どもの得点が右上に位置している場合には学級の状態も良好であると考えられ，左下に位置している場合には学級崩壊が起こっているとも考えられるので早急で適切な対処が必要である。また得点が横もしくは縦に間延びしていることもあり，そうした特徴によって学級の状態や教師の子どもとの関係を知ることもできる。不適応を起こしている子どもをスクリーニングすることや学級の状態を把握することは大切なことであり，検査結果を生かして適切な対処することに，この検査を使用した価値が生まれてくる。

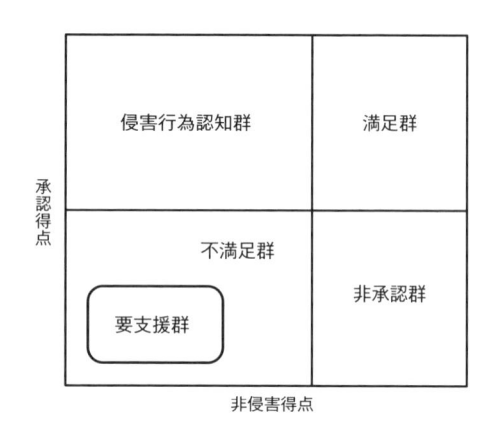

図 14－3　Q－U プロット図 (河村による)

3．学級集団の管理，運営

（1）リーダーシップ

　学級をまとめていくうえで大切なのはリーダーシップの影響である。リーダーシップとは特定の人物が安定した特性としてもっているものではなく，リーダーとそれに続くフォロワーとの関係によって成り立つ過程で生じるものである。学級という状況では，教師というフォーマルなリーダーと子どもとの間で生じるインフォーマルなリーダーシップが考えられる。またリーダーシップを動態的なものと考えると，状況に応じて異なる子どもがリーダーシップを発揮することもある。

　アメリカやわが国の研究をみると，リーダーシップを類型化して考えることができる。ひとつはリーダーがより力を発揮して影響をおよぼす「専制型」と，フォロワーの自主性を重んじるタイプの「民主型」あるいは「放任型」に分けることができる。もうひとつは仕事の生産性や方法に重点を置く「生産志向型」，あるいはグループ内の成員間の関係づくりに重きを置く「関係志向型」に分類する方法である。これら2つを組み合わせたのが三隅二不二のPM理論である。Pは「目標達成機能（Performance）」を表し，Mは「集団維持機能（Maintenance）」を表しており，生産志向型と関係志向型にそれぞれ対応している。この2つの組み合わせの強弱をもとに4つのリーダーシップの型に分類できる（**図14－4**）。三隅の研究によると，集団の生産性は，PM型，P型，M型，pm型の順に高く，満足度や凝集性は，PM型，M型，P型，pm型の順に高いことが明らかになっている。

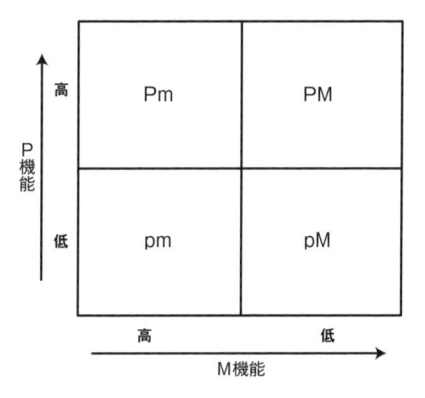

図14－4　PM理論のリーダーシップの型
（三隅による）

フィードラーによると生産性に重点を置くべきか，関係性に重点を置くべきかは集団の状況によって変わってくるという。集団の状況が良好な場合あるいは悪化している場合には課題達成に焦点を置いたリーダーシップが有効であり，状況がよくも悪くもない中位な状態では関係性に焦点を置いたリーダーシップが有効である。またハウスらの経路（パス）－目標（ゴール）理論では，目標に応じた経路をリーダーが見つけることが重要だと指摘している。すなわち集団員の能力や課題の特性に応じて，目標やそれに到達する道筋を明確に示す指示型のリーダーシップ，集団員が自信をもっていないときに支援をする支援型のリーダーシップなどを使い分けるのである。

　教育現場では教師は柔軟なリーダーシップを発揮しなくてはならないだろう。子どものなかからインフォーマルなリーダーが出てこない場合には，教師が関係性に焦点を置いたリーダーシップを用いなくてはならないかもしれないし，子どもの間で関係性が成立している場合には，教師は適切な目標を設定することが大切になってくるかもしれない。つまりここでも集団状況の把握が重要な課題になってくる。

（2）構成的グループエンカウンター

　学級内での人間関係を改善したり高めたりする方法として近年教育現場で頻繁に用いられているものに構成的グループエンカウンターがある。エンカウンターとは日本語で「出会い」を意味し，この文脈では本音と本音の交流を意味している。グループエンカウンターは本来非構成的なものを意味し，クライアント中心療法のロジャーズを中心にアメリカで使われていた。構成的グループエンカウンターは本場でグループエンカウンターを学んだ國分康孝によって開発された。ロジャーズ流の非構成的グループエンカウンターでは一切の制約がなく，参加者の自由意志によって進められていく。一方で構成的グループエンカウンターでは参加者の役割や時間に制約があり，あらかじめ用意されたエクササイズに沿ってリーダーの指導のもとに進められていく。構成的グループエンカウンターはルールに基づいた出会いではあるものの，本来の目的は心の本音と本音の交流である。人にはルールがあることによって芯の部分で自由にな

れる側面があるかもしれない。つまり構成的,非構成的という方法論の違いは,どちらが本音を引き出すかという違いには対応していない。

　構成的グループエンカウンターは,主にエクササイズとシェアリングによって構成されている。エクササイズとは心理面の発達を促す課題のことであり,自己理解,他者理解,自己受容,感受性の促進,自己主張,信頼体験などのねらいがある。エクササイズには数多くの種類がありターゲットに応じて違ったエクササイズを用いることができる。たとえば,いじめをターゲットにしたエクササイズに「仲間はずれロールプレイ」があり,仲間はずれに「する側」「される側」「同調する観衆」「無関心な傍観者」を代表の6人がロールプレイし,感想を述べる。そして仲間はずれができない方法を皆で考える。後半の部分がシェアリングにあたる。シェアリングとはわかちあいや振り返りの意味で,エクササイズをとおして気づいたり,感じたりした自分のことや他者のことを本音で伝えあうことによって,気づきや感情を明確にするねらいがある。シェアリング抜きではエクササイズが単なるゲームで終わってしまう危険性があるので,シェアリングをエクササイズとともに行うことが重要である。自分の意見を述べることにより自己理解が進むのに役立つし,人の意見を聞くことによって他者理解することに役立つ。グループエンカウンターも他の技法と同様に状況に応じて用いられるべきである。学級の状態によってはやらない方がよいエクササイズもあるし,学級内で関係性が希薄な場合には軽めのエクササイズから入る方が有効であると考えられる。

【参考文献】
狩野素朗・田崎敏昭　学級集団理解の社会心理学　ナカニシヤ出版　1990
河村茂雄（監修）　集団の発達を促す学級経営シリーズ　図書文化　2012 國分康孝　構造的
　グループ・エンカウンター　誠信書房　1992
渕上克義　リーダーシップの社会心理学　ナカニシヤ出版　2002
吉田俊和・廣岡秀一・斎藤和志（編著）　教室で学ぶ「社会の中の人間行動」―心理学を活
　用した新しい授業例―　明治図書　2002

リーダーの資質

　ラグビーフットボールでは，ゲーム中に監督やコーチがグラウンドに入り指示することは許されていない。したがって，プレーヤーのリーダーであるキャプテンのキャプテンシーが重要視される。キャプテンシーとは，キャプテンのリーダーシップのことをいう。チームの状況によってさまざまなタイプの人物が選出される。キャプテンに任命されたから信頼を得るのではなく，それまでの努力や行動を，監督やチームメイトがみてきた結果から決められるのである。

　キャプテンは常に先頭に立つ。プレーでチームを牽引するタイプや巧妙にプレーヤーの気持ちを高めるタイプなど異なるが，それぞれの持ち味を出しチームをまとめることが求められるのである。ラグビーフットボールは格闘技ともいわれるほどコンタクトプレーが多くあり，そのために体を張ることが求められるため，口先だけではキャプテンは務まらない。ことばが巧みであってもそうでなくても体を張り，相手に立ち向かっていく責任感のある者がキャプテンには適している。

　スポーツ競技やチームによっては，控え選手がキャプテンになる場合がある。競技の実力とリーダーの資質は異なるのである。リーダーの資質として，どのスポーツ競技にも共通することは，①具体的な目標を明示できること，②言行一致でありぶれないこと，③不確実なものから最良の方法を選択し意思決定できること，④ゲーム中や練習中，適切に状況を把握し判断ができること，⑤いついかなる場合でも自ら行動するエネルギーがあること，⑥チームのメンバーの能力を引き出していけること，⑦人を尊敬しその能力を認め活用すること，などが挙げられる。

　リーダーがチームの目標に向かって行動することによって，人は心を動かされ行動が変容していく。競技の実力だけではなく，人間的魅力や統率力があるなどチームのなかで信頼され，必要とされる者が真のリーダーではないだろうか。

（米地 徹）

第15章

特別支援教育の理解

1．特別支援教育とは

(1) 特別支援教育の現状

　21世紀に入り，わが国では障害のある児童生徒への教育に関して重要な転換期を迎えた。従来は盲学校，聾学校，養護学校を中心とした「特殊教育」が行われていたが，2003（平成15）年3月，文部科学省の特別支援教育の在り方に関する調査研究協力者会議において，「今後の特別支援教育の在り方について」とする最終報告がまとめられた。そこでは，それまで行われてきた「特殊教育」から「特別支援教育」への転換の方針が立てられ，以下の定義が示された。

「特別支援教育とは，従来の特殊教育の対象の障害だけでなく，LD，ADHD，高機能自閉症を含めて障害のある児童生徒の自立や社会参加に向けて，その一人一人の教育的ニーズを把握して，その持てる力を高め，生活や学習上の困難を改善又は克服するために，適切な教育や指導を通じて必要な支援を行うものである」

　その後，2006（平成18）年6月に学校教育法が改正され，新たに特別支援学校にかかわる制度が整えられた。特別支援教育への転換の大きな特徴は，対象とする障害に「発達障害」が加わったことである。また，従来行われていた障害の種類や程度を考慮した教育から，すべての児童生徒一人ひとりの教育的ニーズに沿った適切な教育的支援や指導を行うという考え方に変更されたのである。

　文部科学省によると，特別支援教育の教育課程は，以下の4つで編成される。

a．特別支援学校

　特別支援学校は，その地域における特別支援教育のセンター的な機能をもつ。幼稚部，小学部，中学部，高等部で構成され，障害による困難を改善・克服するために「自立活動」という特別な指導領域が設けられている。また，障害の状態等に応じた教育を行うため，特例の教育課程を編成できる。2013（平成25）年8月に学校教育法施行令が改正され，特別支援学校への就学基準が変更された。現在の就学基準は表15－1に示すとおりである。

b．特別支援学級

　特別支援学級は，通常の学級では指導効果を上げることが難しい児童生徒が教育を受ける学級である。基本的には小学校・中学校の学習指導要領を基に教育が行われるが，児童生徒のニーズに応じて特別支援学校学習指導要領に定められている事項を取り入れた教育課程も編成できる。

表15－1　学校教育法施行令第二十二条の三に規定する就学基準

区　分	程　度
視覚障害者	両眼の視力がおおむね0.3未満のもの又は視力以外の視機能障害が高度のもののうち，拡大鏡等の使用によっても通常の文字，図形等の視覚による認識が不可能又は著しく困難な程度のもの
聴覚障害者	両耳の聴力レベルがおおむね60デシベル以上のもののうち，補聴器等の使用によっても通常の話声を解することが不可能又は著しく困難な程度のもの
知的障害者	1．知的発達の遅滞があり，他人との意思疎通が困難で日常生活を営むのに頻繁に援助を必要とする程度のもの 2．知的発達の遅滞の程度が前号に掲げる程度に達しないもののうち，社会生活への適応が著しく困難なもの
肢体不自由者	1．肢体不自由の状態が補装具の使用によっても歩行，筆記等日常生活における基本的な動作が不可能又は困難な程度のもの 2．肢体不自由の状態が前号が掲げる程度に達しないもののうち，常時の医学的観察指導を必要とする程度のもの
病弱者	1．慢性の呼吸器疾患，腎臓疾患及び神経疾患，悪性新生物その他の疾患の状態が継続して医療又は生活規制を必要とする程度のもの 2．身体虚弱の状態が継続して生活規制を必要とする程度のもの
備考	1．視力の測定は，万国式試視力表によるものとし，屈折異常があるものについては，矯正視力によって測定する 2．聴力の測定は，日本工業規格によるオージオメータによる

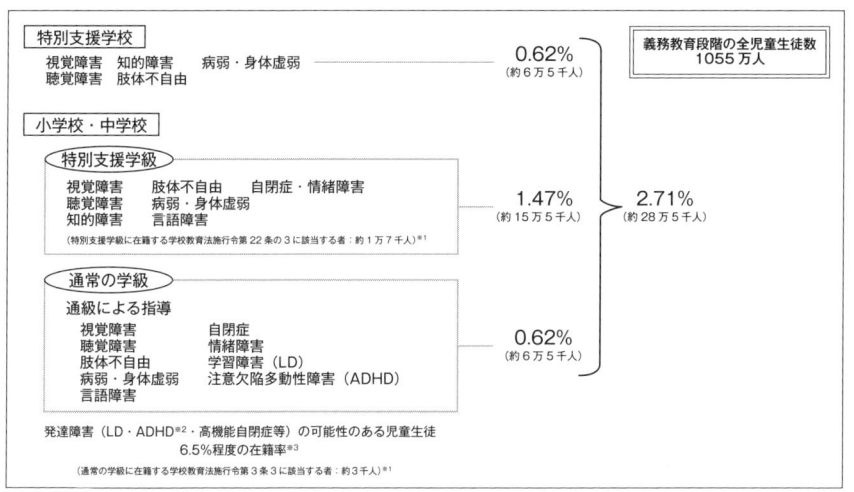

```
┌─────────────────────────────────────────────────┐        ┌──────────────────┐
│ 特別支援学校                                      │ 0.62%  │義務教育段階の全児童生徒数│
│  視覚障害  知的障害   病弱・身体虚弱              │(約6万5千人)│    1055万人    │
│  聴覚障害  肢体不自由                             │        └──────────────────┘
│ 小学校・中学校                                    │
│ ┌─────────────────────────────────────────────┐ │
│ │特別支援学級                                   │ │
│ │  視覚障害   肢体不自由   自閉症・情緒障害    │ │  1.47%      2.71%
│ │  聴覚障害   病弱・身体虚弱                    │ │ (約15万5千人) (約28万5千人)
│ │  知的障害   言語障害                          │ │
│ │ (特別支援学級に在籍する学校教育法施行令第22条の3に該当する者：約1万7千人)※1 │
│ └─────────────────────────────────────────────┘ │
│ ┌─────────────────────────────────────────────┐ │
│ │通常の学級                                     │ │
│ │ 通級による指導                                │ │
│ │  視覚障害    自閉症                           │ │  0.62%
│ │  聴覚障害    情緒障害                         │ │ (約6万5千人)
│ │  肢体不自由  学習障害（LD）                   │ │
│ │  病弱・身体虚弱 注意欠陥多動性障害（ADHD）    │ │
│ │  言語障害                                     │ │
│ └─────────────────────────────────────────────┘ │
│   発達障害（LD・ADHD※2・高機能自閉症等）の可能性のある児童生徒│
│   6.5%程度の在籍率※3                            │
│ (通常の学級に在籍する学校教育法施行令第3条3に該当する者：約3千人)※1│
└─────────────────────────────────────────────────┘
```

※1 平成23年度実施調査においては，東日本大震災の影響を考慮し，岩手県，宮城県，福島県及び仙台市においては調査を実施していない。また，東京都においては調査への回答が得られなかった自治体がある。
※2 LD（Learning Disabilities）：学習障害，ADHD（Attention-Deficit / Hyperactivity Disorder）：注意欠陥多動性障害
※3 この数値は，平成24年に文部科学省が行った調査において，学級担任を含む複数の教員により判断された回答に基づくものであり，医師の診断によるものではない。

(※3を除く数値は平成23年5月1日現在)

図15−1 特別支援教育の対象の概念図（義務教育段階）(文部科学省HPより作成)

c．通級による指導

　通級による指導は，通常学級に在籍し比較的軽度な障害をもつ児童生徒を対象としており，通常学級で教育を受けながら，障害に応じた特別な指導を通級指導教室にて受ける形態である。通常の教育課程に加え，または一部を替えて特別な教育課程を編成することができる。

d．通常の学級

　通常の学級に在籍する障害のある児童生徒に対し，学習指導要領に従い指導内容や指導方法を工夫した教育を行う。

　図15−1に，文部科学省が行った調査結果を含む特別支援教育の対象の概念図（義務教育段階）を示す。この調査によると，特別支援教育の対象者の割合は，特別支援学校よりも小中学校の特別支援学級ならびに通級による指導が高く，また通常学級に在籍する発達障害の可能性のある児童生徒の割合も高い。このことから，現在のわが国において，特別支援教育の対象となる児童生徒は，

特別支援学校よりも小中学校の方に多いことが理解できる。

制度の確立とともに、特別支援教育の場の整備も進んでいる。文部科学省による「平成24年度学校基本調査」の結果（表15－2）によると、5年間で特別支援学校は46校、特別支援学級は9702学級増え、年々増加の傾向にあることがわかる。

表15－2　特別支援学校の学校数ならびに特別支援学級の学級数
（平成24年度文部科学省「学校基本調査」より作成）

年　度	特別支援学校（学校数）	特別支援学級 小学校（学級数）	特別支援学級 中学校（学級数）
平成19	1,013	26,297	11,644
平成20	1,026	27,674	12,330
平成21	1,030	29,053	13,014
平成22	1,039	30,367	13,643
平成23	1,049	31,507	14,300
平成24	1,059	32,773	14,870

（2）障害の考え方

2001（平成13）年5月、WHOの総会において、人間の生活機能と障害の分類法であるICF（International Classification of Functioning, Disability and Health）が採択された。これは障害を個人固有のものととらえるのではなく、健常者も含めた環境と個人という背景因子の相互交渉と生活機能との関係から広くとらえるものである。現在は国際的にこの考え方が浸透し、わが国では厚生労働省により日本語版「国際生活機能分類―国際障害分類改訂版―」が作成され、特別支援教育における自立活動の指導の検討等に影響をおよぼしている。

2．障害の理解

（1）発達障害

発達障害者支援法では、発達障害とは「自閉症、アスペルガー症候群その他の広汎性発達障害、学習障害、注意欠陥多動性障害その他これに類する脳機能の障害であってその症状が通常低年齢において発現するものとして政令で定めるもの」とされている。以下に主要な3つの発達障害の特徴を示す。

a．学習障害

　学習障害（LD：learning disabilities）をもつ児童生徒は，漢字の書き取りを何度やってもできない，計算をいつも間違えてしまう，文字は読めるが理解することは難しいなど，特定の学習領域において困難が生じる。そのため，特定の科目の成績が，他の科目に比べて著しく低いといった特徴を示す。

　文部科学省の「学習障害及びこれに類似する学習上の困難を有する児童生徒の指導法に関する調査研究協力者会議」によると，LDとは「基本的には全般的な知的発達に遅れはないが，聞く，話す，読む，書く，計算する，または推論する能力のうち，特定のものの習得と使用に著しい困難を示すさまざまな状態を指す」と定義される。また，「その原因として，中枢神経系に何らかの機能障害があると推定されるが，視覚障害，聴覚障害，知的障害，情緒障害などの障害や，環境的な要因が直接の原因となるものではない」としている。

　LDの児童生徒は，周りの子どもにとっては容易なことが自分にはできないという認識により，低い自己肯定感をもちやすい傾向がある。そのため，できないことを指摘して励ますよりも，本人ができることを伸ばし，できたらほめるなどの評価を行い，失敗しても不安にさせないことで，「自分はできる」といった自信がもてるように指導することが有効である。

b．注意欠陥／多動性障害

　注意欠陥／多動性障害（AD/HD：attention-deficit hyperactivity disorder）は，不注意，多動性，衝動性が主症状である発達障害のひとつである。文部科学省によるAD/HDの定義では，「年齢あるいは発達に不釣り合いな注意力，及び／又は衝動性，多動性を特徴とする行動の障害で，社会的な活動や学業の機能に支障をきたすものである。また，7歳以前に現れ，その状態が継続し，中枢神経系に何らかの要因による機能不全があると推定される」とされている。AD/HDにおける不注意とは，授業を受けている時に注意を持続することが難しい，必要なものを失くしたり忘れたりする，話を聞いていないなどの状態である。多動性とは，じっとしていることが難しく授業中に歩き回ってしまう，声を出してしまう，話し出すと止まらなくなるなどの状態である。衝動性とは，順番を待つことが難しい，他者の行動の邪魔をしてしまいトラブルを起こす，

などの状態である。AD/HDの二次障害としては，おとなの言うことに従わない，ひねくれやすいといった「反抗挑戦性障害」と，動物や人を傷つける，物を破壊する，嘘をつくといった「行為障害」が挙げられる。近年，これらの二次障害と非行との関連性も指摘されている。

　AD/HDでは，不注意や多動を引き起こす環境からの刺激をできる限り少なくすることで，本人が集中をしやすい授業や環境を整備することが有効である。また，AD/HDの児童生徒は，その行動特徴からほめられるという経験が少ないため，よいところを見つけ，積極的にほめる機会を設けることも重要である。AD/HDの児童生徒に成功経験を促し，望ましい行動を増やすために，シールやスタンプを用いた「トークンエコノミー」とよばれる行動療法的手法が用いられることがある。児童生徒と共に達成可能な目標を設定し，それができたらシールなどのトークンを与え，トークンが集まったらごほうびを与えるというものである。この方法を行うことで，自己の行動を客観視することができ，教師にとっても行動を理解する手助けとなる。

c．自閉症

　自閉症の行動特徴としては，①対人相互作用の障害，②コミュニケーションの障害，③常同行動が挙げられる。対人相互作用の障害とは，状況を把握し他者の気持ちを理解して相互にやりとりをすることの困難である。コミュニケーションの障害は，言語発達の遅れにより他者と会話を続けることができない，言われたことをそのまま言い返す，関係のないことを繰り返し言い続けるなどの症状である。常同行動とは，行動や興味に著しい限局性があり，たとえば道を曲がるときは必ず直角に曲がるなど決まった行動に強くこだわることや，興味の対象が極端に限られるといった症状である。またこの障害には，感覚の過敏や鈍麻といった特徴もみられる。

　このような行動の特徴をもつ児童生徒のなかで，高機能自閉症，アスペルガー症候群とよばれる症状を示すケースがある。文部科学省によると，「高機能自閉症とは，3歳位までに現れ，他人との社会的関係の形成の困難さ，言葉の発達の遅れ，興味や関心が狭く特定のものにこだわることを特徴とする行動の障害である自閉症のうち，知的発達の遅れをともなわないものをいう。また，

中枢神経系に何らかの要因による機能不全があると推定される」と定義される。自閉症の行動特徴をもち，知的発達に遅れがみられない場合が高機能自閉症，知的・言語発達の遅れがみられない場合がアスペルガー症候群である。

近年では，これらの自閉症に関連する障害を個々に分化したものと解釈するのではなく，連続体とみなす「自閉症スペクトラム」という考え方が広がっている。この概念は2013 (平成25) 年5月に発刊されたDSM-5から適用され，今後の教育・医療現場への影響に注目が集まっている。

(2) 情緒障害

情緒障害とは，家庭では話すことができるが学校ではまったくことばを発しないといった選択性緘黙や，不登校などの非社会的行動，非行のような反社会的行動，チックなどの神経性習癖等を総称した行動の障害である。中枢神経系の異常による発達障害が要因となって現れる場合と，環境や心理的要因により現れる場合がある。後者の場合，多くは本人にとって不安や緊張を引き起こす何らかの嫌悪事態が存在すると考えられる。

(3) 知的障害

アメリカ精神遅滞協会（AAMR）による定義では，「知的障害は，知的機能および適応行動（概念的，社会的，および実用的な適応スキルによって表される）の双方の明らかな制約によって特徴づけられる能力障害である」とされ，「この障害は，18歳以前に生じる」と記されている。この定義では，「長期間に渡る適切な個別的な支援によって，この障害を有する人の生活機能は全般的に改善するということ」が前提となっている。このように，AAMRがとらえる知的障害は，個別の支援が提供されることにより生活機能が改善されるという考え方が基になっており，このことはわが国の特別支援教育に強く影響をおよぼしている。特別支援学校では，知的障害の特徴や学習上の特性などを考慮した独自の教科とその目標や内容が設定される。知的障害の児童生徒の学習には多くの時間を要するため，教育の内容を適切に選択し，繰り返し時間をかけて教える必要がある。また運動に関しては，児童生徒の興味関心が高まるように運

動の種類を工夫し，活動の幅を広めることが重要となる。

（4）視覚障害

　視覚障害は，まったく見ることができない「全盲」と保有視覚のある「弱視（ロービジョン）」があり，その程度や見え方も児童生徒によって大きく異なるため，視機能評価によって個々の障害の実態を把握する必要がある。教育の場では自立活動を重視し，手引きや白杖による歩行，点字やパソコンなど視覚以外の感覚を用いたコミュニケーションが行われる。視覚障害の児童生徒は，障害の特性上，体力測定において運動能力の遅れがみられることがある。

（5）聴覚障害

　聴覚障害は，外耳，中耳といった伝音系の部位に障害のある伝音性難聴，内耳やその奥の感音系に障害のある感音性難聴に分けられ，その両方をもつ混合性難聴の場合もある。障害の程度や種類によっては，補聴器や人工内耳が用いられることがある。コミュニケーションの手段で最も多いのは手話である。言語習得以前に難聴となった場合，発話・発声やことばの文脈的理解などを中心とした言語発達に大きな影響をおよぼす。そのため言語能力が必要とされる学力が停滞したり，社会性の発達が遅れたりするケースもみられる。

（6）肢体不自由

　肢体不自由の原因疾患は，骨関節疾患，脳血管障害，脳性まひ，脊髄損傷，進行性筋萎縮性疾患などさまざまであるが，原因が不詳の場合も多い。肢体不自由の児童生徒は，学校生活においてノートをとる，トイレに行く，教室を移動するなどの行動に困難がともなうため，介助が必要な場合もある。その際には自主性を尊重し，できるだけ一人でそれらの動作を行うことができるように工夫していかなければならない。体育などの活動をともなう学科指導の場合，教師は保護者や医師と運動に関する禁忌や配慮事項，緊急時の対応等を確認し，安全性を十分に確保しながら，児童生徒の身体機能を生かした指導を行う工夫が必要である。

（7）病弱・身体虚弱

　文部科学省によると，病弱とは「慢性疾患等のため継続して医療や生活規制を必要とする状態」，身体虚弱とは「病気にかかりやすいため継続して生活規制を必要とする状態」のことである。対象となる児童生徒には，個々の教育的ニーズに応じて，特別支援学校やその病院内分校・分教室，特別支援学級，訪問教育といった教育の場が用意される。病弱教育は，医療機関と密接に連携し，病状の変化と生活上の制限を十分に把握したうえで行われるべきであり，病気の自己管理能力を育成する指導も求められる。また，病気に対する不安，ストレス，抑うつなどの心理的諸問題に対する配慮も必要である。

（8）言語障害

　言語障害とは，言語による情報伝達に困難をもつ障害であり，器質的，機能的，心理的な原因が考えられる。また知的障害などの他の障害により言語能力に問題が起こっている場合もある。その種類としては，特定の語音を誤って発する「構音障害」，音や音節の繰り返しや引き伸ばしを特徴とする「吃音」，言語能力の発達の遅れである「言語発達遅滞」などが挙げられる。

3．支援体制の構築と今後

（1）特別支援教育コーディネーター

　2003（平成15）年の「今後の特別支援教育の在り方について（最終報告）」において，学校に特別支援教育コーディネーターを置くことが提案され，現在の公立小中学校では，ほぼすべてに設置されている。特別支援教育コーディネーターは，勤務する学校における特別支援教育のキーパーソンとして機能し，委員会や研修の企画運営，学外の関係専門機関との連携，保護者や教師からの相談の対応などが主な役割である。担当する者は，校長を中心とした校内委員会で指名され，多くの場合特別支援学級の教師がその役割を担う。

(2) 個別の指導計画と個別の教育支援計画

　特別支援教育では，児童生徒一人ひとりのニーズに応じたきめ細やかな指導を行うため，PDCA サイクル（plan（計画）– do（実行）– check（評価）– action（改善））とよばれる手法に基づいた「個別の指導計画」と「個別の教育支援計画」が立てられる。個別の指導計画は，障害をもつ児童生徒一人ひとりに対して教師が指導を行うための計画であり，保護者と連携しながら各学校における特別支援教育委員会（校内委員会）において作成される。計画作成の際には，児童生徒の現状の把握，短期・長期的目標の設定，指導内容の具体化を行い，一定の指導期間の後，その成果を評価する。そして，次年度の計画の修正や改善を行っていく。個別の教育支援計画は，就学前から卒業後までを見通して一貫した教育支援を行うための長期にわたる支援計画となる。そのため，教育のみではなく福祉，医療，労働などの専門機関と一体となり，個別のニーズに応じた支援が計画される。その策定においては保護者が参画するため，計画上にその意向を反映することが可能になる。また，対象の児童生徒が進学や転学をする際には，計画の引き継ぎが行われ，次の機関においても適切な支援を受けることができる。

(3) 連携体制の構築

　特別支援教育では，学校内だけではなく学校外の関係機関と連携をすることが不可欠となる。図 15 − 2 は文部科学省による特別支援教育推進体制モデル事業を図式化したものである。この図が示すとおり，校内委員会は心理学・教育学・医学などの専門家チームへ相談し意見を受け，また巡回相談員からの指導・助言を活用しながら，密接な連携体制を構築している。現在では多くの学校で，さまざまな機関とのチームアプローチによる連携体制が敷かれている。

(4) 特別支援教育の今後

　21 世紀になり，かつての特殊教育は特別支援教育へと発展した。特別支援教育はまだはじまったばかりであり，環境の整備，教師の専門性の確保，内外

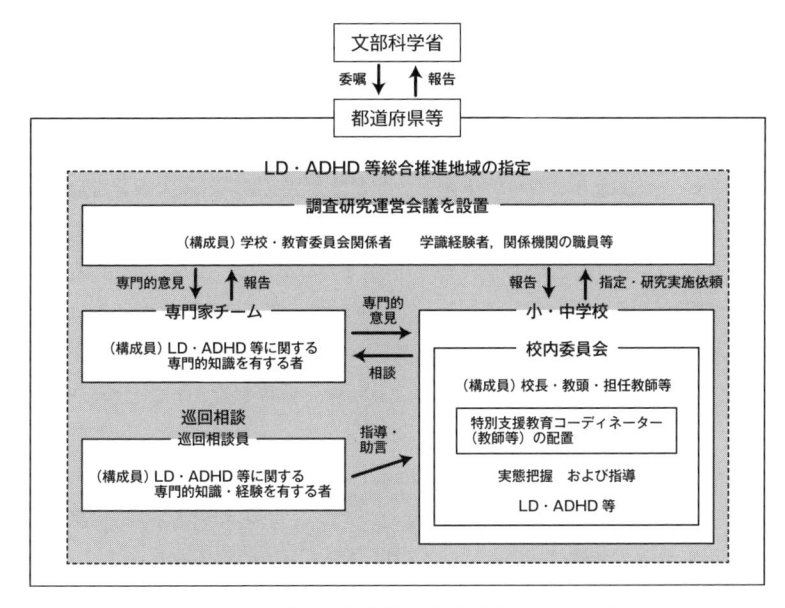

図15－2　特別支援教育推進体制モデル事業
（文部科学省「小・中学校におけるLD（学習障害），ADHD（注意欠陥／多動性障害），高機能自閉症の児童生徒への教育支援体制の整備のためのガイドライン（試案）」より作成）

の関係機関との連携力の向上，就学支援や卒業後の支援等の問題は発展途上段階である。また，多種多様な教育的ニーズをもつ児童生徒が均等に教育の機会が与えられ，ともに同じ場で指導・教育を受けることができるインクルーシブ（包括）教育システムの構築が望まれている。今後，現場の教師を含め，特別支援教育に関係するあらゆる立場でこのような問題に取り組み，わが国の特別支援教育を成熟させていく必要がある。そのことは，教育の場を超え，障害をもつ人もそうでない人も相互に認め合い，安全に安心して暮らすことのできる「共生社会」の形成に大きく貢献していくと考えられる。

【参考文献】
菅原伸康（編著）　特別支援教育を学ぶ人へ―教育者の地平―　ミネルヴァ書房　2011
柘植雅義・渡部匡隆・二宮信一・納富恵子（編）　はじめての特別支援教育―教職を目指す大学生のために―　有斐閣　2010
藤田主一・齋藤雅英・宇部弘子（編著）　新 発達と教育の心理学　福村出版　2013

パラリンピック

　パラリンピックとは，国際パラリンピック委員会が主催する障害者を対象とした世界最高峰のスポーツ競技大会のことであり，オリンピック終了後にオリンピック開催都市で行われる「もうひとつの（Parallel）＋オリンピック（Olympic）」である。オリンピック同様，夏季と冬季競技大会が開催されている。出場するためには，大会で定められた標準記録を突破すること，世界ランキングの上位に入り出場権を獲得すること，世界選手権大会や地域選手権大会で出場権を獲得することなどが必要である。そして，これらの厳しい条件をクリアし，さらに国内の競技団体に選考されなければならないため，トップアスリートだけが出場できる大会である。

　わが国で積極的に障害者スポーツが行われるようになったのは，1964（昭和39）年に東京で開催された東京パラリンピック以降である。この成功を踏まえ，1965（昭和40）年より全国身体障害者スポーツ大会（全国障害者スポーツ大会）第1回大会が岐阜県で開催された。その後，2000（平成12）年の第36回大会（富山県）まで開催され，パラリンピックの影響は障害者スポーツの普及・振興に多大な成果を挙げた。

　障害者のスポーツ実践は，自身の受けている障害を少しでも軽くしたいという願いの実現と，健康の保持・増進という立場から行われている。障害者にとってスポーツを行うことは，単に体力が向上するだけでなく，積極的な自立と社会参加を促進するうえで重要であるといえる。障害者が親しんでいるスポーツの競技規則は，一般的なスポーツとほとんど同じであるが，障害のためにできないことや安全上の問題のため，障害者用に一部ルールを変えて行うものなどいろいろである。

　近年，競技器具の進歩やトレーニング方法の改善により，パラリンピックの競技性が急激に高まっている。各国がパラリンピックへの取り組みを強めたのもひとつの要因である。パラリンピックを取り巻く環境が著しく変化するなか，日本の障害者スポーツ界には振興や選手強化の必要性，組織づくりの現況など，スポーツ環境条件の見直しが求められる。障害のある人々が自由にスポーツに触れられる環境をつくり，障害者スポーツの可能性を認知しながら，今後の動向に注目をしていきたい。

（小川拓郎）

特講 1

体育教師をめざす学生を育てる

日本体育大学名誉教授：長田一臣

ある体育教師の生涯

　この茫漠たるテーマを前に，車椅子に縛りつけられたまま呻吟すること三月，僕は脳梗塞に倒れて10年リハビリと戦う日々である。僕は自分が歩いてきた体育教師の道をこれから歩みだそうとする君たちのことがこよなく懐かしく親愛の情を禁じ得ない。

　本当は面と向かって語り合いたいのだ。手を握り，肩を叩いてやりたい。

　体育教師をめざす学生を育てるといっても，誰も育ててくれやしないんだぞ。自分でしっかり育っていくのだ。

　行動を自らの人生のモットーとした三島由紀夫氏は学校の先生としては体育の先生が一番信用できると言っている。率先垂範して行動する点でそう評価しているのだ。考えてみれば，体育という教科は単に理屈の問題ではなく，身体運動をともなって行動する最も大切にして神聖な教科だと思う。

　さらに三島氏は『行動学入門』という本で弁舌ばかりが先走ることについて警句を発している。「若者よ　モヤシのようなインテリであるな」と。しかし何ごとにつけ「学」にしてしまうところに，むしろ三島氏の弱点が見え隠れする。

　僕は君たちに逆のことを言っておきたい。頭の中まで筋肉びっちりの人間であるな。知性と感性を磨け。

　モヤシのようなインテリとは三島氏自身のことである。三島氏はエリートの家庭に生育し祖母の溺愛の下で外の風にもあてないような特異な幼年時代を過

ごしている。わずかに許された行動といえば自宅の庭における遊びだけで，女ことばをつかいながらひとりでおままごとをしているか，与えられた自室で読書に耽っていたらしい。それが義務教育という就学年齢に達して当時特権階級の子弟にのみ入学が許されていた学習院の初等科に入学した。

ここでいろんな悪童どもとあいまみえ，はじめて自分が特異な環境に育ったことを意識したのだろう。とくに体育の時間は荒々しい取り扱いを受けて自分の脆弱な身体と体力的無力さとを自覚させられたと思われる。

ちょうどその頃，僕も就学年齢に達し北九州の玄界灘に面した村の小学校に上がったのだ。

級の中で色白の秀才のM君という少年と一緒になった。祖母に愛されながら育ったM君の姿は今から考えるとまったく三島由紀夫氏と酷似していた。

45名ほどのクラスから4人が地元の県立中学を受験することになった。受験に出発する朝，病身の父が家の外まで送りに出て，お前がこの試験に落ちたらオレは世間に顔向けができんぞと声を掛けてきた。朝の寒さが一層身に沁みた。

午前中には学科の試験が行われ，午後からは体力検査であった。鉄棒の懸垂屈臂が行われた。M君は懸垂屈臂は0回で終わった。0回は即ち0点である。

合格発表の日，Tさんと一緒になった。掲示板を見ると123というのが目に入った。Tさんの126もあった。M君の番号はなかった。M君の傍らには高等女学校に通っているお姉さんがついていた。これで一応父の面目は立った。

さて，入学後Tさんと僕は同じクラスに入り，クラスメートになった。貴様と俺になったのだが，Tさんはもともと1つ年上であった。ピアノとピンポンを教えてくれた。常に僕の先生であったのだ。このTさんが通学の車中でついと僕に近づいてきて，囁くように，キミ体操部に入らんかと言ったのである。器械体操で日本で五指に入るといわれる名手の先生が着任されて，体操部が一躍盛んになったのである。体操部に入ったらひょっとしたら東京に行けるかもしれんぞと言う。僕は東京に行けるんならと心が動いた。思えば，このTさんの囁きが僕の体育教師としての将来を決めたのであった。

さて，中学生活も二年過ぎ三年過ぎる中で，T君あたりを中心とした僕も一

人前の体操部員となっていた。五年生という最上級生となった折，福岡県営の競技場で明治神宮大会の予選があり，これに優勝した僕らは福岡県代表となり，昭和17年の第13回明治神宮大会に出場することになった。T君のひょっとしたらが，ひょっとしたのであった。これで，僕の今日に至る源流の一滴が明らかになった。

この神宮大会体操の部で5位に入賞した実績を基に，学校推薦の形で僕は日本体操学校に入学した。そして日体の体育館で名選手の練習風景を見て器械体操部に入部した。

僕が入学した日体は日本体育会経営の日本体操学校というのに過ぎず，全寮制で全員寮生活を強いられ，連日連夜にわたる鉄拳・正座の論理なきパワハラの嵐の中で，新入生は泣きの涙で過ごした。これはずっとずっと後に聞いたことであるが，時折三島由紀夫氏が日体に出入りしていたそうな。

三島氏は東大に行くべきではなかった。日本体操学校での倫理なきパワハラの嵐をくぐり抜けるべきだったと思う。

こういう生活に失望した新入生はひと月も経たないうちに，方針を誤ったと言いながら荷物を纏めて帰省するものが続出し，学校に戻ってくるものは少なかった。

太平洋戦争に敗れた日本は大きな変革を余儀なくされたが，日体も一変した。そして現在日本体育大学として堂々と構えている。日体に欠けているのは知性であった。これからの体育教師は，知性と感性の涵養が必要と強く思っている。

僕の体育教師人生は京都からはじまった。

日本体育専門学校の教授会命令で京都府立第一中学校に派遣されるという形での京都への赴任であった。京都には一度住んでみたいと思っていたので，これは渡りに船だった。

さて，京都に住んで一年を経過した頃，僕の心に異変が生じてきた。京都はあまりにも僕の心情に合いすぎていた。こんな住み心地のよいところに2年も3年もいたら自分の人生が駄目になってしまうのではないかという疑念である。嵐の吹きすさぶ東京へ出て，勝負しなきゃいけないと自分を鼓舞した。心

は東京へと急いでいた。東京へ向かう汽車の中で，文理大の入試のことばかりを考えていた。

　試験場では思わずも文理大に入ろうとかねがね話し合っていた日体の同級生達と顔を合わせた。結果は同級生全員が不合格であった。東京に出てはじめて壁にぶち当たり，途方にくれたが，聴講生制度があることを知らされ，聴講生としてのスタートを切ることになった。

　体育教師としての仕事は中央区立某中学校に職を得て，午前中に授業を寄せてもらい，午後は文理大の聴講生として通い出した。

　文理大の心理学科に通う或る日W館の廊下で主任教授の小保内虎夫先生にあいさつすると，おっ！と言いながら体育スポーツの心理学の方面で頑張っているんだったなァ，ちょっと僕の部屋に来なさいと言われた。部屋を訪れると，オレは日大にも出講しているが，ここで体育スポーツ心理学の研究者を求めているから，日大心理学科に行く気はないかね？　と言われた。僕は先方で求めているのなら渡りに船だと思い，ハイ行きますと返事をし，編入試験を受けることにした。小保内先生の推薦書つきだった。

　日大心理学科主任教授渡辺徹教授の前に引き据えられ，この度新しく体育心理学の講座を設けることにした。これはもちろん君ひとりのためのもではないが，君が出なければ大半の意義を失うものである。講師としては松井三雄先生にお願いした。松井先生は体育心理学ではわが国の第一人者である。先生についてしっかり勉強するようにと宣言された。

　以来この講義に出るものは僕ひとりであった。皆各々の研究の方向をもっており，1対1の講義が延々と1年間にわたっておこなわれたのであった。

　日大での卒業論文発表会には都内の各大学の心理学科の主任教授が集まった。発表後の茶話会で，知能研究で著名な田中寛一博士が座られて，今は体育スポーツ方面の研究者が手薄だからちょっと頑張ればすぐ一流になれるよと言われて，何か重大な荷物を背負わされたように緊張した。

　松井三雄教授は体育心理学という学問分野を開拓された方であり，必ず日大の大学院に来るようにと，渡辺主任教授に固く言いつけられたにもかかわらず，僕は秘かに東京教育大学の編入試験を受けて，体育学部の松井研究室に入った。

東京教育大に入って間もなく，松井先生は東大へ転ぜられることになった。目標を失った僕は松井先生の自宅に押しかけて行き相談すると，東大の方に従いて来る気はあるかと問われ，ハイありますと応え，東大大学院人文科学研究科に入学実現まで3年を要した。人文科学研究科に入り，松井先生のもとで好日過ごせたはずが，間もなく松井先生は定年退官されてしまった。またしてもひとりポツンと残されて，別の研究室所属となり孤独の日々を暮すうち，猛烈なストレスに襲われてしまった。生きる意欲さえ失いかけていたが，ふとしたことから短歌にはけ口を見つけ危うく死から逃れることができた。

　大学院修士課程を終えて，これまで身の上相談に乗っていただいた田中寛一先生の推薦で，日体大に務めることになった。こうして一体育教師の最終職場は母校の体育心理学担当ということに決まったという次第。

　中学入試に体力テストが重視されたのは，日本が日中戦争に突入戦時下に在ったゆえであろう。僕がほとんど体力で合格を果たしたのにはそういう時代の風に後押しされたからである。

　本書刊行の報せを受けた時，果たして脳卒中の自分にその任がはたせるかどうか，引くも地獄進むも地獄という覚悟で引き受けることにしたが，さて手をつけはじめたものの，やはり脳病みにとってはナマナカな仕事ではなかったことを，最後に告白しておきたい。

特講 2

教師をめざす学生と教育心理学の役割

日本大学名誉教授：大村政男

1．教師チーム論 vs 教師孤独論

　2013（平成25）年□月□日付の『○○新聞』の「教育」特集欄に「理想の教師をチームで追求」「○○の中学教師，分業・協業を提唱」という大きな文字が躍っていた。この提唱者は「教師」に関する多くのキーワードを検索した結果，生活力とモラルをベースにしてその上に指導力と事務力を重ね，トップに創造力と先見性をおくというピラミッドを頭に描いている。この人はさらに指導力を分析して「学校規範を率先して実行する父性型」「児童生徒を優しく包み込む母性型」「児童生徒と対等に付き合える友人型」の3型があるという考察もしている。この興味深い研究を発表した教師は自身で「あきれたことだ。このような要求に1人で応えられる教師など存在しない」とまとめている。それではどうすればよいのだろうか。この教師は考え抜いたあげく「教師個人でなくチームでこのピラミッドを完成すればよいのだ」という結論に到達する。このユニークな構想は1冊の書籍になっているが，私はまだ手にしていない。将来も手にすることはないと思う。そのわけは，教師は授業中は孤立無援で次々に出てくる問題（雑談する，マンガを見ている，居眠りしている，勝手に席を離れる，授業内容をなかなか理解できないなど）を処理していかなければならないからである。チームの連中はそこにはいない。職員室に戻っても教師はそれぞれ孤独で，わずかな休憩時間の後，再び次の孤独に向かって移動していく日常の連続なのではないだろうか。

　この「教師チーム論」に対する「教師孤独論」ともいうべきスタンスは，私

の恩師のひとりであったA先生（1897 - 1990）が教え諭すような口調で伝えてくれたことで，もう60年ぐらい昔の思い出である。A先生は若い頃国家が設立した師範学校で「教育」という仕事をみっちりたたき込まれた人である。

2．国家と教育

現在と違って戦前は国家が教師を養成したのである。この制度（学制）は1872（明治5）年に施行されている。明治5年といえば徳川幕府が瓦解し新政府に替わったものの物情騒然，各地に反乱が勃発していた不安定な時代である。そういう時代にまず「学制」に着手した先人の英知に驚かされる。そのとき発足した「小学校」が1941（昭和16）年になると「国民学校」と改称され，国家のための大戦争を支えていく小国民への教育がはっきりしてくるのである。国民学校では小学校と呼ばれていた時代からすべての教科の教科書は「国定教科書」で，国威の発揚を軸として進展していったのである。下に掲げた資料は昭和初期に使用されていた「修身（道徳教育）」の教科書の1部と1940（昭和15）年に発行された記念切手のうちの1枚である。そこに掲げられている「忠孝」の2文字は1890（明治23）年に換発された「教育勅語」の根本精神で，私

図1　修身の教科書（低学年用）の一部分　　図2　記念切手

は中学生時代（当時義務教育でなく5年制）に英文でも教わっていた。しかし，太平洋戦争の終戦とともに6年8ヶ月におよぶアメリカによる単独占領の結果，わが国の教育は大きく転換していくことになるのである。

3．新しい時代の教育

A先生はその青春時代に師範学校や高等師範学校で小学校の教師（当時は訓導という）・中学校教師（教諭という）になる教育を受けている。このシステムは1947（昭和22）年に廃止され，教員養成は学芸大学（あるいは教育大学）のほか多くの国公私大にも教職課程が設けられ現在にいたっている。新しい時代の教育の核となったのは心理学である。とくに応用心理学としての教育心理学の教養は教職者の必須のものになってきたのである。アメリカの心理学はドイツのそれと大幅に異なり実用性を帯びていたので教育の場でも人気があったといえよう。終戦後ほどなくして東京と大阪にCIE（アメリカ進駐軍総司令部民間情報教育局）の図書館が仮設され，長年月にわたって知的な飢えに苦しんでいた研究者を多分に癒してくれたのである。英文タイプは持っていてもうるさいので使えない，カメラで接写しようとしてもフィルムは絶無に近い。コピー機やワープロなどあるはずがない時代である。筆写によるほか方法がない貧しい時代ではあったが，反面，豊かな時代だったといえると思う。図書館の蔵書の多くは心理学関係のもので，鉛筆による書き込み（かつての持主が勉強した痕跡だ）のあるハードカバーの部厚い本や，輸送船の中でGI（兵士）たちが見ていたと思われる青いペーパーバックの本もあったことを覚えている。

1946（昭和21）年3月，早くもアメリカ教育使節団が来日，それを皮切りに多数の心理学者が来日，そのたびに講演会が開催され会場は熱気に溢れていた。日本にとっては2度目の「黒船来訪」である。この年の9月23日には，日本応用心理学会（教育心理部会，産業心理部会，犯罪心理部会，臨床心理部会の4部会を持っている）が設立され，新しい時代は心理学を軸として動きはじめてくるのである。私は若い頃からある大学で「教育心理学」や「青年心理学」を非常勤講師で講義したことがある。学生は夜間授業だったのでほとんど年長

の現職教師だった。教員免許の更新に教育心理学と青年心理学の単位取得が必須だったのである。A先生の「教師孤独論」をしみじみ味わった時代である。

4．教育心理学の領域と問題点

　教育心理学とは何か——を『心理学辞典』（有斐閣，1999）で引いてみよう。要約補足すると次のとおりである。「教育心理学は心理学的技法によって人間形成を解明していく学問である。しかし，最近独立した領域として見なおす考え方が主流になっている。従来，発達，教授と学習，パーソナリティと適応，測定と評価の4大領域が教育心理学の領域であったが，それに新たに人間関係の調整の技法や心理臨床（カウンセリング）の技法，障害者教育などが含まれることになってきた。これらはパーソナリティと適応の領域内の仕事であったが，そこでの学習では十分な仕事にならなくなったのである。教師をめざす学生たちも，学年や学級を指導していく役割とともに児童生徒個人と直接向き合っていかなければならない時代が到来したのである。このような事態にどう対処すればよいのか。個人のもつ素質的なものも無視できないが，本人の学習によるところが大である。学習とは経験の集積による思考や行動の積極的変容で，それとともにパーソナリティも変容していく。私は気質は体質をベースにした心的特徴でそれが年齢・境遇・教育によって変容したのが性格だと考えている。それではパーソナリティとは何だろう。私たちは自分が置かれた状況によって適宜自分を変えている。このシステムが人間になかったら社会生活は成り立たなくなってしまう。私はパーソナリティはその個人の性格のプロテクタのようなものだと思っている。それでは二重人格・多重人格ではないかと思う人がいるかもしれないが，それは解離性同一性障害であってここでいうプロテクタとはまったく関係がない。かつて小学校（あるいは国民学校）で行われていた修身教育はこのパーソナリティを形成するための教育である。最近「いじめ」や「体罰」が社会問題になっている。前者は児童生徒間の問題，後者は教師の問題である。このように書くと「いじめ」に教師は無関係と思われるかもしれないが決してそのようなものではない。「いじめ」は，教師の学級統率能力の欠

如が大きな要因なのである。さらに自殺者まで出した「体罰」は教師の教養の欠如以外の何ものでもない。コトバによるモチベーションができないということは教養の決定的な欠如である。どうしてこういう人が教師になったのか。教師採用のときにそのような病的傾向に気づくことはあり得ないことであろう。人の心の深層には沈めないのである。

　教師の日常生活はストレッサー（ストレスの原因となる刺激の専門語）で充満している。これは教師だけではなく，社会人のすべてが大なり小なりストレッサーに囲まれている。それをいかに処理するかが「問題解決」に連なってくるのである。この処理の仕方が体育競技の現場では体罰と結びつく可能性が高い。現在は大きな社会問題になっているので沈静化しているが，将来についての保証はない。人間性は複雑である。この後どのような時代になるか予測はできないが「教育」という国家的大事業を教育心理学をベースにして個人的な努力を重ねてほしいと思う。どうしてわざわざ個人的という文字を付加したかというと，教師という仕事は教室では孤独だからである。独りぼっちで仕事をしていかなければならないのである。私は約50年にわたって教師生活をしていたが，いつもA先生が諭してくださった「教師孤独論」を思い起こしていた。

事項さくいん

▶あ行

愛着　18
遊び　33
アンダー・アチーバー　94
アンダー・マイニング効果
　　70
いじめ　112
内田クレペリン精神作業
　　検査　139
運動能力　25
エコグラム　136
SST　142
SCT　138
エディプス・コンプレックス
　　34
MMPI　135
オーバー・アチーバー
　　94
オペラント条件づけ
　　51
親の養育態度　75

▶か行

外発的動機づけ　67
カウンセリング　140
学習　49
学習障害　173
カクテルパーティー効果
　　58
学力　94
家族療法　141

学校心理学　10
葛藤　101
カメレオン効果　160
感覚運動期　28
観察法　7
記憶　54
機能主義　3
虐待　117
ギャングエイジ　33
Q−U検査　163
教育心理学　1
教育相談　150
教育測定　121
教育評価　121
具体的操作　29
形式的操作　29
形成的評価　127
ゲシュタルト心理学　4
結晶性知能　88
原因帰属　69
言語　30
言語障害　177
5因子説　81
効果の法則　50
構成心理学　2
構成的グループエンカウンター
　　166
行動主義　3
コーディネーター　152
コーピング　105
心の理論　29
個人内評価　126

古典的条件づけ　50
コミュニケーション　21
コラージュ療法　142

▶さ行

作業検査法　139
三項関係　22
シェマ　28
自我意識　30
視覚障害　176
自我同一性　44
ジグゾー学習　66
試行錯誤学習　50
自己概念　42
自己効力感　69
自己中心性　29
思春期スパート　39
肢体不自由　176
質問紙調査法　9
質問紙法　134
児童期　25
自閉症　174
社会性　16
社会的微笑　16
社会的欲求　98
集団　158
条件反射　51
情緒　27
情緒障害　175
賞罰　70
事例研究法　9
新行動主義　3

新生児期　14
診断的評価　127
心理アセスメント　133
心理検査　133
心理検査法　8
睡眠　26
スクールカウンセラー　147
スクールソーシャルワーカー　147
ストレス　103
ストレンジ・シチュエーション　17
性意識　34
精神分析　4
精神分析学　81
精神分析療法　141
生徒指導　148
青年期　37
生理的欲求　98
絶対評価　126
総括的評価　127
相関係数　131
創造性　132
相対評価　126
ソシオメトリー　162

▶た行

第一次反抗期　31
胎児期　13
第二次性徴　39
第二反抗期　43
体罰　118
代表値　130
多因子説　87

達成動機　68
知的障害　175
知能　85
知能検査　89
知能指数　92
知能偏差値　92
注意欠陥／多動性障害　173
聴覚障害　176
長期記憶　55
TAT　137
適応　97
適応機制　104
適性検査　140
適性処遇交互作用　65
投影法　136
道徳性　42
特性論　79
特別支援教育　169
特別支援教育コーディネーター　177
度数分布　128

▶な行

内発的動機づけ　67
二因子説　87
乳児期　14
認知発達　20

▶は行

パーソナリティ　73
バーンアウト　120
バウムテスト　139
箱庭療法　142

バズ学習　66
発見学習　61
発生的認知論　28
発達加速現象　40
発達課題　45
発達障害　172
ハノイの塔　58
パラサイト・シングル　46
ハラスメント　156
パラリンピック　180
ハロー効果　8
反社会的行動　109
P－Fスタディ　138
PM理論　165
ピグマリオン効果　71
非行　111
非社会的行動　115
病弱・身体虚弱　177
標準偏差　130
不適応　101
不登校　115
ブレーン・ストーミング　66
プログラム学習　64
忘却　56
暴力行為　109
ポートフォリオ　127
母子関係　31
ホスピタリズム　31

▶ま行

マターナル・ディプリベーション　32

面接法　7
モデリング　53
モラトリアム　44

▶や・ら・わ行

有意味受容学習　62
遊戯療法　141
養護教諭　146
幼児期　25
欲求　97
欲求階層説　99
欲求不満　102
欲求不満耐性　106
ラポール　8
リーダーシップ　165
流動性知能　88
類型論　76
練習効果　66
ロールシャッハ・テスト　136
Y－G性格検査　134

人名さくいん

▶ア行

アイゼンク（Eysenck, H. J.）　80
秋山三佐子　35
アトキンソン（Atkinson, J. W.）　68
アドラー（Adler, A.）　4
アリストテレス（Aristoteles）　2, 157
アンナ・フロイト（Freud, A.）　105
イビチャ・オシム（Ivica Osim）　72
ウェクスラー（Wechaler, D.）　85, 91
ウェルトハイマー（Wertheimer, M.）　4
ウェルナー（Werner, H.）　30
ウサイン・ボルト（Usain St. Leo Bolt）　24
内田勇三郎　139
ヴント（Wundt, W.）　2
エインズワース（Ainseorth, M. D. S.）　17
エビングハウス（Ebbinghaus, H.）　2, 54, 56
エリクソン（Erikson, E. H.）　44
エリック・バーン（Eric Berne）　136
エンジェル（Angell, J. R.）　3

オーズベル（Ausubel, D. P.）　41, 42, 62
オズボーン（Osborn, A. F.）　66
小保内虎夫　184
オルポート（Allport, F. H.）　159
オルポート（Allport, G. W.）　73, 79
恩田彰　132

▶カ行

勝田守一　72
神川康子　26
カルフ（Kalff, D. M.）　142
河合隼雄　142
北村邦夫　34
城戸幡太郎　6
キャッテル（Cattell, R. B.）　79, 80, 88
キャッテル（Cattell, J. M.）　5
ギルフォード（Guilford, J. P.）　88, 134
クーリー（Cooley, C. H.）　158
久保良英　6, 150
クラウダー（Crouder, N. A.）　64
クレッチマー（Kretschmer, E.）　76
クレペリン（Kraepelin, E.）　5, 139
クロー（Kroh, O.）　5

黒沢香　111
クロニンジャー（Cloninger, C. R.）　81
クロンバック（Cronbach, L. J.）　65
ゲーツ（Gates, A. I.）　5
ケーラー（Köhler, W.）　4, 58
ゲゼル（Gesell, A. L.）　5
ゴールドバーグ（Goldberg, L. R.）　81
ゴールトン（Galton, F.）　5
コールバーグ（Kohlberg, L.）　42
コッホ（Koch, C.）　139
コフカ（Koffka, K.）　4

▶サ行

サーストン（Thurstone, L. L.）　85, 87
斎藤環　116
サイモンズ（Symonds, P. M.）　75
坂田真穂　114
サリバン（Sullivan, H. S.）　4
ジェームズ（James, W.）　3
シェルドン（Sheldon, W. H.）　77
ジェンキンス（Jenkins, J. G.）　57
シモン（Simon, T.）　5, 89
シュテルン（Stern, W.）　5, 30, 85
シュプランガー（Spranger, E.）　43, 78
スキナー（Skinner, B. F.）　4, 51, 64
スキナー（Skinner, C. E.）　5, 10
鈴木治太郎　91
ストリアーノ（Striano, T.）　21
スノー（Snow, R. E.）　65
スピアマン（Spearman, C. E.）　85, 87
セリエ（Selye, H.）　103, 108
ソーンダイク（Thorndike, E. L.）
　　　　　　　　　　5, 50, 66, 121
ソクラテス（Socrates）　121

▶タ行

ダーウィン（Darwin, C. R.）　5
ターマン（Terman, L. M.）　85, 91
大松博文　144
高島平三郎　6
高橋恵子　32
タナー（Tanner, J. M.）　39
田中寛一　91, 184
ダレンバック（Dallenbach, K. M.）　57
チャートランド（Chartrand, T. L.）　160
チャルディーニ（Chaldini, R. B.）　161
ディアボーン（Dearborn, W. F.）　85
デューイ（Dewey, J.）　3, 61
トーマス（Thomas, A.）　75
トールマン（Tolman, E. C.）　4
徳永幹雄　144

▶ナ・ハ行

楢崎浅太郎　6
野島一彦　157
バージ（Burgh, J. A.）　160
パーテン（Parten, M. B.）　33
バート（Burt, C. L.）　85
ハーロウ（Harlow, H. F.）　32
ハーロック（Hurlock, E. B.）　34, 70
ハヴィガースト（Havighurst, R. J.）　45
ハウス（House, R.）　166
パヴロフ（Pavlov, I. P.）　3, 50
ハザウェイ（Hathaway, S. R.）　135
ハル（Hull, C. L.）　3
バロン−コーエン（Baron-Cohen, S.）　29
バンデューラ（Bandura, A.）　53, 69, 160
ピアジェ（Piaget, J.）　20, 28
ビネー（Binet, A.）　5, 89

ビューラー（Bühler, C.） 5, 33, 38
ピントナー（Pintner, R.） 85
フィードラー（Fiedler, F. E.） 166
フィッシャー（Fisher, R. A.） 122
フェスティンガー（Festinger, L.） 161
福田一彦 26
ブルーナー（Bruner, J. S.） 61
ブルーム（Bloom, B. S.） 94
ブルーム（Bloom, J. S.） 127
フレーベル（Fröbel, F. W. A.） 4
プレスコット（Prescott, D. A.） 39
フロイト（Freud, S.） 4, 34, 81, 141
フロム（Fromm, E.） 4
ペスタロッチ（Pestalozzi, J. H.） 4
ベック（Beck, A. T.） 154
ヘルバルト（Herbart, J. F.） 4, 61
ボウルビー（Bowlby, J.） 17, 19, 31
ホール（Hall, G. S.） 38
堀忠雄 26
ホリングワース（Hollingworth, L. S.） 41
ホルネイ（Horney, K.） 4

▶マ行

マズロー（Maslow, A. H.） 99, 163
松井三雄 184
マッキンレー（Mckinley, J. C.） 135
マレー（Murray, H. A.） 68, 98, 137
ミード（Mead, M.） 39
三島由紀夫 181

三隅二不二 165
村松励 111
モイマン（Meumann, E.） 5
モーガン（Morgan, C. D.） 137
森田洋司 113
モレノ（Moreno, J. L.） 162

▶ヤ・ラ・ワ行

矢田部達郎 134
八並光俊 119
ユング（Jung, C. G.） 4, 78
ライス（Rice, J. M.） 122
ラザルス（Lazarus, R. S.） 103
ルソー（Rousseau, J. J.） 4, 41
レイナー（Rayner, R.） 53
レヴィン（Lewin, K.） 4, 37, 101
レオナルド・ダ・ビンチ（Leonardo da Vinci） 12
レッパー（Lepper） 70
ローゼンタール（Rosenthal, R.） 71
ローゼンツワイク（Rosenzweig, S.） 102, 106, 138
ロールシャッハ（Rorschach, H.） 136
ローンフェルド（Lowenfeld, M.） 142
ロジャーズ（Rogers, C. R.） 140, 150
ワイナー（Weiner, B.） 69
渡辺徹 184
ワトソン（Watson, J. B.） 3, 53

監　修	長田　一臣	（日本体育大学名誉教授）	
	大村　政男	（日本大学名誉教授）	
編　集	藤田　主一	（日本体育大学）	
	齋藤　雅英	（日本体育大学）	
	楠本　恭久	（日本体育大学）	
執筆者	藤田　主一	（日本体育大学）	第 1 章
	室井　みや	（兵庫医科大学）	第 2 章
	黒田　　稔	（日本体育大学）	第 3 章
	田之内厚三	（麻布大学名誉教授）	第 4 章
	久我　隆一	（元日本大学）	第 5 章
	宇部　弘子	（日本体育大学）	第 6 章
	齋藤　雅英	（日本体育大学）	第 7 章
	齋藤　慶典	（日本大学）	第 8 章
	岡部　康成	（浜松学院大学）	第 9 章
	陶山　　智	（亜細亜大学）	第10 章
	藤田　主一	（日本体育大学）	第11 章
	三村　　覚	（大阪産業大学）	第12 章
	齊藤　　崇	（日本体育大学）	第13 章
	野口　謙二	（サザンミシシッピ大学）	第14 章
	市川優一郎	（日本大学）	第15 章
	長田　一臣	（日本体育大学名誉教授）	特講1
	大村　政男	（日本大学名誉教授）	特講2
コラム	西條　修光	（日本体育大学）	
	高井　秀明	（日本体育大学）	
	河田　聖良	（日本体育大学）	
	辻　　昇一	（日本体育大学	
	鈴木　悠介	（筑波大学）	
	續木　智彦	（西南学院大学）	
	八木沢　誠	（日本体育大学）	
	本間　悠也	（日本体育大学）	
	鍋谷　　照	（静岡英和学院大学）	
	立谷　泰久	（国立スポーツ科学センター）	
	津田　博子	（日本体育大学）	
	佐々木史之	（環太平洋大学）	
	秋葉　茂季	（国立スポーツ科学センター）	
	米地　　徹	（日本体育大学）	
	小川　拓郎	（日本体育大学）	

体育・スポーツを
専攻する人のための **教育心理学**

2014年4月2日　初版第1刷発行
2015年2月25日　初版第2刷

検印廃止	編　者Ⓒ	藤　田　主　一
		齋　藤　雅　英
		楠　本　恭　久
	発行者	大　塚　栄　一

発行所　株式会社　樹村房
〒112-0002
東京都文京区小石川5丁目11番7号
電　話　東京03-3868-7321
FAX　東京03-6801-5202
http://www.jusonbo.co.jp/
振替口座　00190-3-93169

デザイン／BERTH Office
組版／株式会社西文社
印刷・製本／美研プリンティング株式会社

ISBN978-4-88367-237-0
乱丁・落丁本は小社にてお取り替えいたします。